capitolina

O PODER DAS GAROTAS

VOL. 1

SEGUINTE
O selo jovem da Companhia das Letras

O selo Seguinte pertence à Editora Schwarcz S.A.

Grafia atualizada segundo o Acordo Ortográfico da Língua Portuguesa de 1990, que entrou em vigor no Brasil em 2009.

CAPA E PROJETO GRÁFICO Tereza Bettinardi
PREPARAÇÃO Nathália Dimambro e Júlia Schwarcz
REVISÃO Renata Lopes Del Nero, Carmen T. S. Costa

Dados Internacionais de Catalogação na Publicação (CIP)
(Câmara Brasileira do Livro, SP, Brasil)

Capitolina: o poder das garotas, vol. 1 / Várias autoras e ilustradoras — 1ª ed. — São Paulo: Seguinte, 2015.
Várias autoras.
Várias colaboradoras.

ISBN: 978-85-65765-84-8

1. Adolescentes (Meninas) 2. Capitolina (Revista on-line)
3. Correspondências 4. Depoimentos I. Browne, Clara.
II. Piñeiro, Lorena. III. Soter, Sofia.

15-06065 CDD-028.5

Índice para catálogo sistemático:
1. Revista Capitolina: Literatura juvenil 028.5

[2015]

EDITORA SCHWARCZ S.A.
Rua Bandeira Paulista, 702, cj. 32
04532-002 – São Paulo – SP
Telefone: (11) 3707-3500
Fax: (11) 3707-3501
www.seguinte.com.br
www.facebook.com/editoraseguinte
contato@seguinte.com.br

CARTA DAS EDITORAS DA *CAPITOLINA*

CLARA BROWNE, LORENA PIÑEIRO E SOFIA SOTER

Tudo começou em uma noite de setembro, no subespaço da internet. Nas ruas escuras das diferentes cidades do Brasil, tudo estava quieto e tranquilo, mas dentro das casas de diversas meninas, seus dedos não paravam de digitar um minuto sequer, em uma conversa estranhamente honesta considerando que poucas ali se conheciam de fato. Elas falavam sobre como nunca se sentiram representadas pela mídia tradicional e como na adolescência teriam adorado ler uma revista alternativa que fosse sincera, como aqueles comentários no grupo do Facebook. Em algum momento dessa conversa, as nuvens de São Paulo se afastaram revelando a lua, e ela refletiu a luz do sol direto nessa conversa que, a princípio, poderia ser como outra qualquer. E, ali, naquela noite, nesse misto de animação em *caps lock* e magia do Universo, surgiu a ideia da *Capitolina*.

Esse é o mito de criação da revista que deu origem ao livro que você, querida leitora, tem agora em mãos. Depois dessa noite, foi necessário muito esforço e organização, tendo sempre as redes sociais como escritório de trabalho. Apesar disso, ainda assim era como se os astros estivessem a nosso favor. Mesmo com Mercúrio retrógrado e Saturno mandando bala, sempre nos ouvimos, nos abraçamos e nos ajudamos. Ao longo do tempo, provamos que muita mulher junta só pode dar em coisa boa.

Enquanto escrevemos esta carta, a revista está em sua décima quarta edição. Quando o livro sair, já teremos dezoito edições publicadas. Todo dia, dois textos, duas ilustrações, muitos posts em redes sociais. Todo dia, muito trabalho e uma satisfação cada vez maior em ver o projeto crescendo, em falar com as leitoras que se sentem acolhidas pelo que fazemos, em conversar com as outras colaboradoras sobre como todas crescemos ao longo do último ano. Crescemos tanto que tivemos essa oportunidade incrível de escrever um livro para vocês — para quem já lê a revista, para quem nunca ouviu falar da gente, para quem já ouviu falar mas nunca teve saco de abrir o site. Um livro com um apanhado de textos já publicados e mais uma porção de textos novos, com ilustrações já vistas e mais um monte inéditas, com atividades interativas, com tudo que temos direito. Os papos internos sobre o livro são sempre cheios de exclamações, interjeições, vontade de fazer o tempo passar rápido pra termos esse objeto em mãos (como você tem agora).

Desde a primeira entrevista deslumbrada que demos a um blog que gostou da nossa iniciativa, declaramos: "Somos todas megalomaníacas". E este objeto físico que você está lendo — ou não tão físico se está no seu *e-reader* — é a concretização dos nossos sonhos mais ousados. O que você faz quando realiza um sonho? Sonha de novo. Queremos que este legado resista ao tempo e chegue a cada vez mais meninas. Queremos que cada adolescente nesse mundão perceba o poder que tem, apesar do que o mundo lhe diz. Queremos atirar este livro (metaforicamente, o.k.?) na cabeça de cada pessoa que já fez uma piadinha besta sobre seus gostos, suas dúvidas, seus amores, seus desejos. Queremos que você saiba que estamos aqui, como uma irmã mais velha que não sabe muito bem o que está fazendo, mas se esforça para aprender mais a cada dia. Aprender com vocês.

Não é à toa que acreditamos tanto na sororidade, ou seja, no amor entre irmãs. É que sabemos que, por mais que venhamos de realidades distintas, juntas vamos muito mais longe. Sabemos também que toda menina no mundo — independentemente da idade — precisa do apoio de suas irmãs, sejam elas de sangue ou não. É dessa espécie de amor que tiramos força para seguir em frente, encarar nossos medos, atingir nossos sonhos e, assim, nos apoderarmos de tudo o que quisermos. Desde os direitos mais básicos que não são concedidos a nós, mulheres, até os delírios mais doces que possamos imaginar.

Mais que um livro, o que você tem na mão é uma passagem de ida para conquistar o mundo. E, isso, querida leitora, nós faremos juntas.

IDENTIDADE DE GÊNERO: UMA INTRODUÇÃO

BEATRIZ LEITE E NATÁLIA LOBO
ilustração VERÔNICA VILELA • infográfico ISADORA CARANGI

Eu me chamo Natália e consta na minha certidão de nascimento que pertenço ao sexo feminino porque tenho uma vagina. Portanto, meu sexo foi **definido** tomando como base o órgão genital com que eu nasci.

Mas o que significa pertencer ao gênero dito feminino? O que significa ser "mulher"?

Assim como quase tudo que nos caracteriza, nosso gênero é construído pelas experiências que temos na vida, com quem mantemos contato, em que condições vivemos, em que cultura estamos, entre diversos outros fatores. Por isso dizemos que os **gêneros binários** (mulher/ homem) e outros possíveis são uma **construção social** e não uma genitália. Uma parte dessa construção social é o estabelecimento dos **papéis** de gênero.

Nós começamos a entender qual é o papel do homem e da mulher (e o que significa ser cada um deles na nossa sociedade) desde pequenos: crescemos com tudo que nos cerca nos dizendo que porque somos meninas devemos gostar de bonecas ou, porque não somos meninos, não deveríamos brincar de carrinho. Aliás, antes de nascermos já começamos a ser definidos: desde o ultrassom quando o pai e a mãe, ao verem se o bebê tem um pênis ou uma vagina, decidem se o quarto vai ser azul ou rosa (se vai ter dinossauros ou florzinhas na parede e assim por diante).

Por essa lógica, nosso gênero estaria diretamente ligado à nossa genitália. A gente também aprende que, por ter uma vagina, deveríamos gostar de quem tem pênis e vice-versa (em geral, nos ensinam que devemos ser heterossexuais). Ou seja, como se nosso órgão reprodutor também estivesse diretamente ligado à nossa orientação sexual (ser homossexual, bissexual, heterossexual, entre outros). Mas, assim como minha vagina não define minha **orientação sexual**, o gênero com o qual eu me identifico também não – inclusive se eu me identifico com um gênero diferente daquele que me deram quando nasci.

Por isso, apesar de muita gente supor que toda travesti, transgênero, transexual (que são representadas no termo trans, junto com outras identidades) é homossexual, isso não é verdade.

Uma pessoa trans é aquela que pertence a um gênero diferente daquele que foi registrado em seu nascimento, de acordo com sua genitália. Assim, um homem trans é aquele que nasceu com uma vagina e é do gênero masculino, enquanto uma mulher trans é aquela que nasceu com um pênis e é do gênero feminino, e tanto um como o outro podem ter qualquer orientação sexual.

Então, desde que nascemos, vamos recebendo sinais de qual é o papel da mulher e do homem na sociedade, como se fossem duas caixinhas às quais temos que nos adequar. Por exemplo: nós, mulheres, somos designadas a casar, ter filhos e cuidar da casa e, então, desde pequenas somos estimuladas a brincar de boneca (imitando o que é ser mãe) ou de "casinha" (imitando o trabalho doméstico). Para as pessoas que não se enquadram nessas caixinhas, sair delas é bem complicado. Quando a pessoa quer seguir o que não é esperado, está mais perto de ser marginalizada e de encontrar dificuldades para viver como quer. As pessoas trans sofrem diariamente com a **transfobia**, que é a discriminação (frequente) contra qualquer pessoa trans.

Essa discriminação pode vir de diversas formas: desde o constrangimento na hora de ir ao banheiro, a dificuldade de conseguir emprego e

DESDE QUE NASCEMOS, VAMOS RECEBENDO SINAIS DE QUAL É *o papel da mulher e do homem* NA SOCIEDADE, COMO SE FOSSEM *duas caixinhas* ÀS QUAIS TEMOS QUE NOS ADEQUAR

os documentos que possam estar de acordo com o nome e o gênero pelos quais a pessoa gostaria de ser reconhecida, até o assassinato (simplesmente por ser trans).

A seguir, a gente reproduz parte de uma entrevista com a Daniela Andrade, que é mulher trans, diretora da LiHS (Liga Humanista Secular) e integrante da Comissão da Diversidade Sexual da OAB-Osasco (além de outras ocupações).

"As pessoas transexuais e travestis têm a inserção dentro da sociedade prejudicada por meio de diversos mecanismos. As pessoas travestis e transexuais são aquelas que foram designadas como homens ou mulheres quando nasceram, de acordo com seus genitais, porém não se reconhecem com esse gênero registrado, tampouco se sentem respeitadas sendo tratadas pelo nome do registro civil, de forma que elas vão requerer o tratamento por outro nome e gênero. O nome pelo qual a pessoa travesti e transexual é reconhecida e chamada em seu círculo social é o 'nome social', que difere daquele com o qual elas foram registradas. [...] Não ter documentos adequados à sua identidade significa passar constrangimento, vexame e humilhação em diversos locais onde estes são exigidos: escola; universidade; equipamentos de saúde; aeroportos; rodoviárias; delegacias; blitzes; hotel; motel; casas noturnas; ao alugar, vender ou comprar casas, apartamentos, carros etc."

Você pode ler a entrevista completa no site: revistacapitolina.com.br

A sociedade brasileira, no geral, é muito transfóbica. Mas é muito difícil para as pessoas **cisgêneras** (aquelas que pertencem ao gênero que lhe foi atribuído ao nascer) perceberem isso. Essa tendência de "afastar" quem não está dentro das tais "caixinhas" é enorme, o que faz com que muitas vezes pessoas trans deixem os estudos ou só consigam sobreviver através da prostituição:

“O mercado de trabalho geralmente relega a essa população os subempregos, o desemprego ou a prostituição, dado que, sendo reflexo da sociedade, nos mostra como não se enxerga solução nessas pessoas, mas problemas.”

Hoje em dia, algumas pessoas trans ainda são diagnosticadas com transtorno de identidade de gênero, como se ser trans fosse uma doença. Nós aqui não acreditamos que pessoas transgêneras são portadoras de doença ou distúrbio; acreditamos que identificar a transgeneridade como doença é mais um jeito de excluir esse pessoal. Os homossexuais passaram pela mesma dificuldade de aceitação e inclusão, já que, até a década de 1980, ser homossexual era como ser doente. E desde quando amar alguém do mesmo gênero ou ter uma identidade diferente da que nos é imposta é doença?!

Resumindo: não é ter um pênis ou uma vagina que vai definir o gênero ao qual você pertence. Esse é o caso da Daniela Andrade e de muitas outras pessoas por aí. Também é legal lembrar que o gênero não define ou interfere na sua orientação sexual. Uma pessoa cisgênera pode ter qualquer orientação sexual, assim como uma pessoa trans. Quer um exemplo? Guilherme, 31, é trans homem e homossexual — o que quer dizer que ele nasceu com uma vagina, se identificou com o gênero masculino e tem atração por pessoas do gênero masculino. Amanda, 23, de São Paulo, é trans mulher e heterossexual — o que quer dizer que ela nasceu com um pênis, se identificou com o gênero feminino e tem atração por pessoas do gênero masculino. Natália, 18, autora deste texto, é cisgênera e não gosta de enquadramentos — o que quer dizer que ela nasceu com uma vagina, se identificou com o gênero feminino e não quer definir sua orientação sexual. Beatriz, 19, também autora deste texto, é cisgênera e se entende como bissexual — o que quer dizer que ela nasceu com uma vagina, se identifica com o gênero feminino e tem atração por pessoas pertencentes ao seu gênero e a gêneros diferentes do dela.

A inclusão de pessoas trans na sociedade está relacionada à desconstrução da ideia de gênero como algo diretamente ligado à genitália. A gente acredita na importância dessa desconstrução: o combate à transfobia é um jeito de olhar e garantir uma vida melhor pra muitas pessoas que não couberam em algumas caixinhas em que foram colocadas. ★

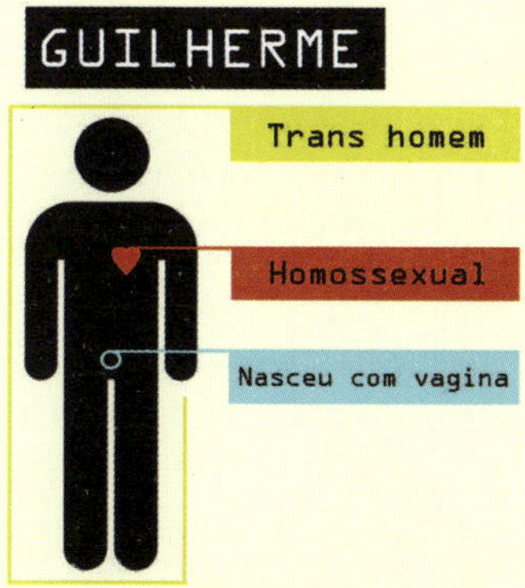

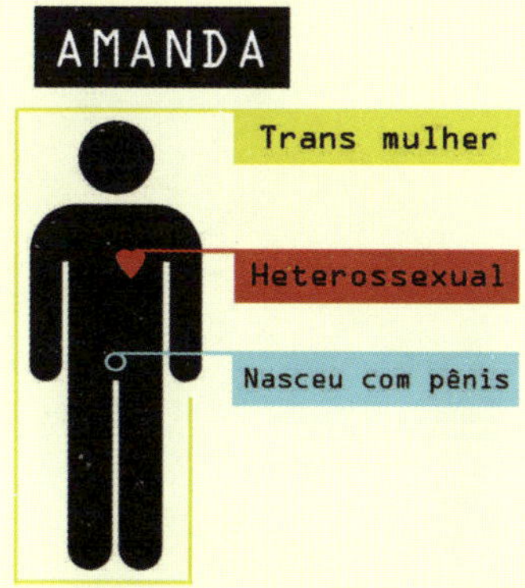

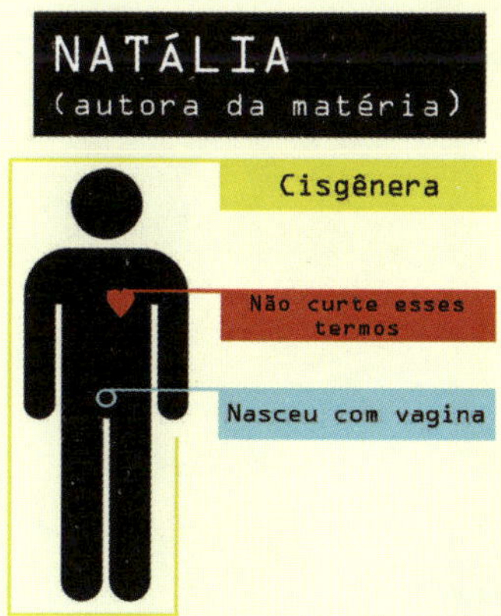

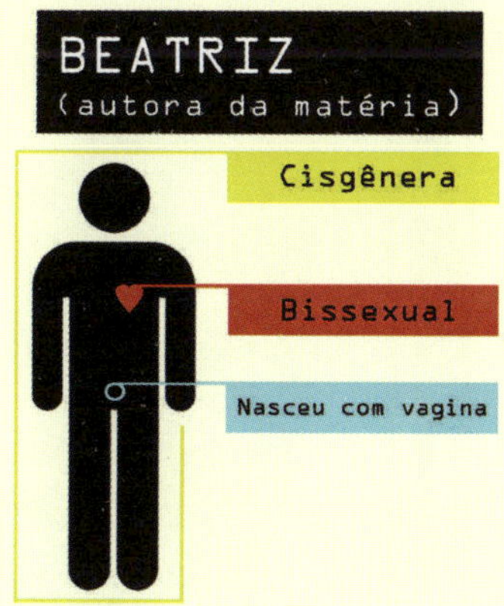

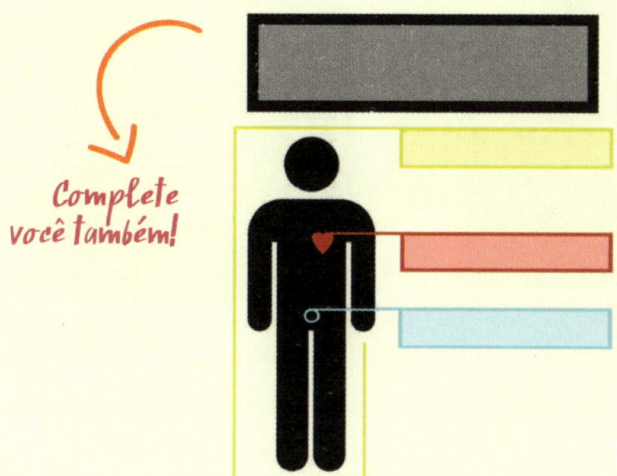

Glossário

CISGÊNERO
Pessoa que tem sua identidade de gênero compatível com o gênero que lhe foi atribuído ao nascer.

TRANS
Pessoa que tem sua identidade de gênero diferente da que lhe atribuíram ao nascer.

PAPÉIS DE GÊNERO
Conjunto de ações e comportamentos que são relacionados ao feminino ou ao masculino. A ideia de que, por ter nascido com uma vagina ou um pênis, as pessoas devem ter determinada conduta.

IDENTIDADE DE GÊNERO
Referente ao gênero com o qual uma pessoa se identifica e pertence, independente de seu sexo designado.

BINARISMO DE GÊNERO
Binário é qualquer sistema de numeração que tem por base 2. O binarismo de **gênero** seria o conceito de homem e mulher. Existem identidades não binárias que são desconsideradas pelo tal sistema binário homem/ mulher.

O que querem que eu possua
... mas o coração manda
o vento da mudança
me carregar!
O que querem que eu seja

VOCÊ NASCEU PARA ISSO: SER UM MILHÃO EM UMA

BEATRIZ TREVISAN
ilustração ISABELA ZAKIMI-INNOCENTINI

Dizer que alguém "nasceu para isso" é sempre uma tentativa de definir um destino. Como se possuir determinado talento ou personalidade implicasse que eles estariam presentes para sempre, estáticos — e, além disso, fariam com que houvesse um momento em algum ponto da vida da pessoa do qual ela simplesmente não pudesse escapar.

Mas isso parece um pouco sem sentido. A própria palavra destino é meio engraçada. O destino de uma viagem é o final dela; por que, então, quando pensamos no destino da vida, não pensamos na morte? Já adianto: ainda bem que não! Seria mórbido focar na ideia de que a destinação da vida é simplesmente seu esgotamento, e não um momento grandioso, de epifania, em direção ao qual caminhamos e o qual esperamos atingir durante todo o tempo que passamos na Terra. Mas espera aí: também não sei se o real significado da palavra é essa coisa toda romantizada. Afinal de contas, se eu acho que meu destino é ser rica e famosa como a Beyoncé, o que acontece depois que eu conseguir? Minha vida acaba e deixa de ter sentido? E se eu nunca alcançar esse objetivo, terei vivido anos e anos em vão?

É aí que entra a parte interessante: nosso destino não precisa ser — e não é — estanque. Aliás, nunca poderia ser, porque a vida é uma série de momentos e escolhas. Pareceria estranho se no meio de tudo isso tivéssemos só uma identidade que nunca se modificasse e, por isso, um único objetivo maior e imutável. É absolutamente natural e incrível que nossa identidade varie em meio a tantas experiências e vivências, e, com ela, variem ainda os vários objetivos que queremos alcançar. Temos um montão de destinozinhos que vão dançando conforme a música que a gente canta. Alguns se destacam, outros ficam esquecidos. Uns eliminam outros, e alguns só são possíveis porque outros apareceram no meio da estrada. Mas todos, sem exceção — mesmo os que já ficaram no passado! —, mudam conforme a gente muda. E aí termina a parte interessante e entra a parte engraçada: apesar de destino, no dicionário, significar final, ele traz, na verdade, renovação e metamorfose.

Então, se essa palavra tem tanto a ver com movimento e, portanto, tão pouco a ver com ficar parado, eu me pergunto por que tem gente que parece querer colocar um objetivo dourado com luzes piscantes na nossa frente, sem que a gente dê o consentimento para que isso aconteça? Por que é, então, que teimamos na ideia de "nasci para tal coisa"?

Na verdade, isso é só mais um episódio da série Quero Te Encaixar Nos Meus Padrões. Não é novidade para ninguém que sempre vai existir quem queira nos enquadrar em alguns estereótipos. Alguns deles são mais gerais, do tipo "se você é mulher, tem que ser sensível", e alguns são direcionados a uma pessoa específica. Em muitas discussões sobre feminismo, já me disseram: "Que estranho você falando alto desse jeito! Você é sempre tão delicada/ calma/ tranquila. Você não é assim". Bom, em alguns momentos eu sinto necessidade de me exaltar, peço desculpas se antes não me sentia assim (brincadeira, não peço não), mas isso mudou agora. E não tenho uma personalidade fixa, tem muitos *eus* dentro de mim, às vezes ao mesmo tempo, às vezes se alternando. Existe um medo muito grande da mudança e uma pressão velada para que sempre gostemos das mesmas coisas e ajamos

Não é novidade PARA NINGUÉM QUE SEMPRE VAI EXISTIR QUEM QUEIRA NOS ENQUADRAR EM alguns estereótipos

da mesma forma, como se mudança não fosse, na realidade, a única constante da vida (se eu conseguisse escrever um texto todo sobre esse assunto sem nenhum clichê ia ser muito esquisito).

Só que ninguém é sempre igual, nem mesmo nossa(s) identidade(s). Conforme trilhamos uma estrada temos o direito de modificar o rumo que estamos seguindo, e, principalmente, de fazer isso sem dar satisfações. E a frase "você nasceu para isso" é negar esse direito de escolha, que no final das contas é o que mantém o caminho da vida em movimento. É acreditar num destino estagnado e entalhado em pedra, que não é real, mas que é tão, tão fácil de aceitar, que acabamos tomando a expectativa alheia sobre nós como verdade absoluta. Mais do que isso: aceitá-lo é acreditar que somos limitadas, quando na verdade somos infinitas, temos um universo dentro de nós. Mas, se acreditamos que só podemos ser uma única coisa predeterminada, quando percebemos que não vamos conseguir alcançar aquilo para que, em teoria, nascemos, nos sentimos frustradas, desmotivadas e perdidas. Como se perdêssemos quem somos, enquanto, na verdade, estamos nos encontrando e nos descobrindo a cada dia.

Ainda bem que essa necessidade de suprir as expectativas alheias — adivinhe! — também é mutável, e essa mudança pode ocorrer a qualquer momento. Minha sugestão é que esqueçamos o "você nasceu para...", a menos que essa frase se complete com "caminhar no seu próprio tempo, mudando de rumo quando quiser e apreciando suas várias conquistas, e, especialmente, sendo um milhão em uma, sem ficar esperando um pote de ouro no final do arco-íris". ★

É
PROIBIDO
PROIBIR

PRIMAVERA FORA DE ÉPOCA

CLARA BROWNE
ilustração VERÔNICA VILELA

Sabemos por princípio que a vida nunca é fácil e os tempos são sempre difíceis. Ouvimos isso de nossos pais, professores, amigos, colegas e sem perceber nós mesmas já estamos propagando frases como "não tá fácil pra ninguém". E é exatamente por saber disso que somos utópicos. Precisamos ser, porque não há outro jeito. Nessa vida, a utopia é uma necessidade.

Essa palavra, na verdade, vem do grego — *u*: "não" e *topos*: "lugar". Assim, "utopia" pode ser considerada exatamente o que nunca alcançaremos, pois, em seu sentido literal, é a negação do espaço. Apesar disso, durante gerações e mais gerações, os jovens saem às ruas em busca da utopia. Mas para que procurar a utopia se a própria palavra nos leva a um *não lugar*?

Em uma entrevista, o pensador Eduardo Galeano conta a resposta que escutou do cineasta Fernando Birri quando lhe perguntaram para que serve a utopia: ela serve para caminhar. Se nossos antepassados não tivessem saído às ruas em busca de seus sonhos de mundo ideal, as mulheres provavelmente até hoje vestiriam espartilhos, saias longas e seriam proibidas de usar calças, ainda haveria regras que declarassem (e legalizassem) o racismo contra as pessoas negras, o autoritarismo continuaria controlando nossas vidas, através de ditaduras e repressões de pensamentos e atos. Assim, embora concordemos que o mundo onde vivemos não seja ideal, não há como discordar do fato de que muitas coisas melhoraram de antigamente para cá.

E foi para alcançar uma utopia que, nos anos 1960, jovens de todo o mundo se rebelaram e foram às ruas de maneira que não houvesse outra solução: seria imperativo que os escutassem.

Para entender esses jovens, porém, é importante saber o que se passava na época. Eram os tempos da Guerra Fria, o governo dos Estados Unidos mantinha uma guerra impossível contra o Vietnã e a segregação das pessoas negras se tornava cada dia mais insustentável. Na América Latina, inúmeras ditaduras eram implantadas e intensificavam seus métodos de coibição. Lutas por independência das colônias africanas (como Angola, Uganda, Argélia, Botswana etc.) começaram a eclodir. Construiu-se o muro de Berlim. As evidências do autoritarismo se mostravam em todos os cantos do mundo: da França à Indonésia, da Tchecoslováquia ao Brasil.

Cansados dessa opressão, sentindo-se excluídos, injustiçados e reprimidos, os jovens decidem, então, ir às ruas em protesto. Em maio de 1968, em Paris, os estudantes da principal universidade francesa entram em confronto pela primeira vez com a polícia, começando o movimento que mais tarde veio a se tornar o — tão conhecido e inspirador — Maio de 68. Sofreram forte repressão, mas isso apenas fez com que mais pessoas insatisfeitas se juntassem à luta por liberdade. Frases de protesto tomavam todos os muros da cidade, as ruas haviam sido ocupadas por barricadas, Paris especialmente era um campo de guerra entre estudantes e policiais. Uma greve geral foi instaurada em diferentes setores da sociedade por todo o país, e calcula-se que quase dois terços dos trabalhadores franceses aderiram a ela.

Enquanto isso, nos Estados Unidos, as manifestações contra a Guerra do Vietnã recebiam cada vez mais adesão. Os jovens tinham um discurso pacifista e, com o lema de paz e amor, decidiram se excluir daquela sociedade que consideravam hostil e criaram

PARA SABER MAIS SOBRE OS ANOS 60

FILMES

2001: Uma odisseia no espaço (1968), Stanley Kubrick

Across the Universe (2007), Julie Taymor

Amor, sublime amor (1961), Jerome Robbins e Robert Wise

Blow Up (1966), Michelangelo Antonioni

Deus e o diabo na Terra do Sol (1964), Glauber Rocha

Hair (1979), Milos Forman

Hairspray (1988), John Waters

Histórias cruzadas (2011), Tate Taylor

Jules & Jim (1962), François Truffaut

My Fair Lady (1964), George Cukor

O demônio das onze horas (1965), Jean-Luc Godard

O sol é para todos (1962), Robert Mulligan

Oito e meio (1963), Federico Fellini

Os reis do iê, iê, iê (1964), Richard Lester

Os sonhadores (2003), Bernardo Bertolucci

Uma noite em 67 (2010), Renato Terra e Ricardo Calil

comunidades alternativas, onde a paz, o amor livre e as drogas reinavam. Para eles, a sociedade de consumo não fazia sentido. Estavam à margem da sociedade — e assim decidiram se assumir e se unir. O movimento hippie tomou forma e se espalhou pelo país, mas não era o único a protestar contra o governo estadunidense.

O racismo institucionalizado e legalizado também já estava com seus dias contados. Na verdade, desde 1955, quando a negra Rosa Parks foi presa por se negar a ceder seu lugar no ônibus a uma branca, o movimento de direitos civis dos negros explodiu no país. Nomes como Martin Luther King, Malcolm X e Os Panteras Negras se tornaram essenciais nessa luta.

No Brasil, um grupo de jovens músicos pregava os mesmos ideais, sob um movimento chamado Tropicália. Se a repressão da ditadura impedia a livre manifestação de rua, nossos rebeldes decidiram ocupar as rádios e vitrolas. Gilberto Gil, Caetano Veloso, Os Mutantes, Tom Zé... Com misturas de ritmos, instrumentos e principalmente do que era sério e o que era ironia, os tropicalistas revolucionaram nossa cultura com suas críticas e louvações ácidas o suficiente para nos deixar em dúvida de qual parte era o quê.

Mas não pensem que a repressão vinha apenas do lado capitalista. Na Tchecoslováquia, os jovens se rebelaram contra o governo, que, da mesma forma como nos outros países, proibia o livre pensar. A luta estourou de tal forma que esse período ficou conhecido como a Primavera de Praga, quando os jovens conseguiram que o partido comunista cedesse à construção de uma Assembleia Nacional democrática que reuniria todos os segmentos da sociedade. Além disso, haveria uma revisão da Constituição para que as liberdades dos cidadãos fossem ampliadas.

Era essa a palavra! A palavra de desordem: liberdade. De norte a sul, leste a oeste, era por isso que o mundo lutava. As mulheres pediam liberdade — para usar as roupas que quisessem, para poder trabalhar e ser mães se quisessem, para não sofrer os abusos machistas, fosse nas ruas, fosse nas revistas ou nas propagandas.

ÁLBUNS

Beggars Banquet (1968), The Rolling Stones

Eletric Ladyland (1968), Jimi Hendrix

Gal (1969), Gal Costa

If You Can Believe Your Eyes and Ears (1966), The Mamas and the Papas

Las últimas composiciones (1966), Violeta Parra

Nefertiti (1968), Miles Davis

Panis et Circencis (1968), Os Mutantes, Tom Zé, Gal Costa, Caetano Veloso, Torquato Neto e Gilberto Gil

Para cantarle a mi gente (1967), Mercedes Sosa

The Freewheelin' Bob Dylan (1963), Bob Dylan

The Piper at the Gates of Dawn (1967), Pink Floyd

Todos os olhos (1973), Tom Zé

Travessia (1967), Milton Nascimento

Tropicália (1968), Caetano Veloso

We Are Only in it for the Money (1968), Frank Zappa

White Album (1968), The Beatles

Cansados desta opressão, SENTINDO-SE EXCLUÍDOS, INJUSTIÇADOS E REPRIMIDOS, OS JOVENS DECIDEM, ENTÃO, *ir às ruas em protesto*

Os negros pediam liberdade — para andar na rua sem sofrer preconceito, para poder partilhar do mesmo espaço que os brancos, para ter empregos dignos e salários bons, para não ser julgados pela cor de sua pele. Os homossexuais pediam liberdade — para não ser violentados, para poder viver com seus parceiros e ser reconhecidos pelo Estado. Os colonizados pediam liberdade — para ter um país independente, um país para chamar de seu, para governar. Os estudantes pediam liberdade — de pensamento, de escolhas de vida.

Muitas dessas demandas não foram completamente resolvidas — o machismo, o racismo, a homofobia permanecem —, mas não há como negar que caminhamos. Pois a utopia serve para isso: para caminhar.

Sabemos que ainda há muito a fazer, que há muito o que sonhar. Não é à toa que em 2011 surgiu o movimento Occupy Wall Street, que começou com a crise imobiliária nos Estados Unidos e se espalhou por diversos países. No Chile, os protestos a favor de um ensino superior público gratuito de qualidade ganharam força. Tivemos a Primavera Árabe — que começou com um homem pondo fogo em si mesmo na Tunísia e se expandiu por diversos países. A juventude grega também pegou fogo por causa da crise econômica que afetou seriamente o país, deixando os jovens sem perspectivas de emprego. No Brasil, as manifestações dos povos Guarani-Kaiowá também foram fortes, assim como os protestos de junho de 2013, quando a população foi para a rua em diversos estados e foi repreendida violentamente pela polícia.

Assim seguimos em busca de nossa utopia. Saindo na rua quando não é carnaval, vestindo fantasias durante gerações, fazendo de nossos sonhos um pouquinho da realidade. Aos poucos, vamos perpetuando algumas ideias: faça amor, não faça guerra; é proibido proibir. Pois nós temos sonhos. Pois somos todos realistas, exigimos o impossível. Exigimos e exigiremos sempre mais primaveras foras de época. ★

AGORA É A SUA VEZ DE SE MANIFESTAR! O QUE VOCÊ ESCREVERIA NOS CARTAZES QUE LEVARIA PRA RUA?

PRÍNCIPE ? SAPO?

"FOI VOCÊ O SONHO BONITO QUE EU SONHEI"

NATHALIA VALLADARES
ilustração ISADORA M.

Desde novinhas somos soterradas com histórias de príncipes encantados – homens maravilhosos que nos salvam, nos amam, não fazem nada de errado, são basicamente perfeitos. O que esquecem de nos avisar é que esses indivíduos são tão míticos quanto unicórnios e, no fundo, no fundo, nem são tão interessantes assim. Na maioria das vezes, crescemos pensando em como vamos encontrar nosso par perfeito. Será que vamos ouvir sinos tocando ou sentir borboletas na barriga quando ele aparecer? Será que vai ser amor à primeira vista? Será que ele vai saber que eu sou a pessoa ideal para ele? Quando será que finalmente vou conseguir meu "final feliz"?

Só que... será que na prática a história é mesmo essa?

Enquanto estamos na escola, procuramos os príncipes e as tais histórias de amor. Pode ser o melhor amigo por quem você é secretamente apaixonada e que também é secretamente apaixonado por você. Ou o garoto mais lindo, esnobe e desejado do colégio que, na verdade, é sensível, escreve poesias e, adivinha só, são pra você. De repente, quem sabe, é aquele menino mais velho, que toca numa banda e é irmão da sua melhor amiga.

Não importa a história: em 100% dos casos, o cara não é perfeito. Todos nós temos defeitos. Esse é o verdadeiro mito do príncipe encantado. Debaixo da chuva de glitter, enquanto toca "Style" da Taylor Swift na sua cabeça e o vento bate nos cachos do cara mais lindo da face da Terra, quem vai prestar atenção naqueles ensurdecedores sons de "PERIGO!" apitando sem parar?

Sei por experiência própria que acreditar no mito do príncipe encantado pode te fazer perder ótimas oportunidades na vida. Certa vez, nos idos do ensino médio, eu era amiga desse cara. Um indivíduo que eu julgava perfeito demais pra ser real. Lindo, inteligente, politizado, membro de banda, jaqueta jeans. Obviamente o único defeito dele era não me querer também, ou nas palavras dele "me amar demais, mas como irmã".

Anos se passaram, ele no pedestal do meu coração, como uma estátua de Michelangelo. Meu melhor amigo, meu confidente, meu amor. Namorando todas as meninas que não eram eu, me fazendo pensar: "Ele vai perceber que estou aqui, vai me ver com outros olhos, vai sim". O tempo foi passando, e ele foi o único menino sincero e legal o suficiente pra me dizer a maior verdade que já escutei na vida: "Você não pode viver numa bolha de fantasia pra sempre. Aprenda a viver com o que você tem no seu dia a dia, que a partir daí sua vida vai ser só sucesso".

Chorei, esperneei, amaldiçoei o dia em que ele me disse isso e até a ele mesmo, mas, como tudo na vida, se você reflete um pouco, consegue extrair um ensinamento válido, seja a partir do que foi falado ou da decisão de não dar ouvidos às asneiras que foram ditas. Assimilei da fala dele que não podemos viver pra sempre no nosso mundo encantado, essa perfeição que é a vida amorosa pintada por filmes, livros e séries com as quais crescemos. A vida real é sempre mais legal, porque ela é a que realmente faz parte de nós.

O tempo passou e aquele cara se tornou mais um personagem do mito do príncipe encantado, e não porque não me correspondia. Depois que a bolha estoura, conseguimos ver todos os sinais que antes não éramos capazes. Coisas que nossa imaginação plantou ali e que nunca aconteceram de verdade. Detalhes tão marcantes que na pós-ilusão ficamos pen-

> VOCÊ PARA DE PROCURAR A *pessoa perfeita* E PASSA A SE INDAGAR SOBRE A PESSOA QUE É *imperfeitamente perfeita para você*

sando: "Como eu achava isso incrível? Isso é tosco", "Não creio que fiz isso!" ou o clássico "Onde eu estava com a cabeça?".

Depois que a ficha cai, tudo fica mais fácil. Você para de procurar a pessoa perfeita e passa a se indagar sobre a pessoa que é imperfeitamente perfeita para você. Todas as esquisitices, todas as manias, os trejeitos, os defeitos. Você não precisa procurar. A verdade é que, no fim das contas, a pessoa acaba te achando. Ou melhor, vocês se acham. Seja por gostos comuns, seja por amigos em comum, seja por aplicativos de relacionamento no celular, seja no mesmo ambiente de trabalho ou de estudo ou até numa balada.

Não procure o príncipe encantado dos contos de fadas e comédias românticas que embalaram sua infância e adolescência. Monarquia não está com nada! Almeje pessoas que te façam rir à toa, que te acompanhem nos seus passeios, que partilhem dos seus hobbies, por mais estranhos que sejam. Pessoas que te acompanhem tanto numa noite pela cidade afora, sem rumo, quanto debaixo do edredom fazendo maratonas na Netflix e comendo brigadeiro. Ou então não almeje ninguém! A gente sempre pode ser feliz sozinha. O importante é que você esteja bem sendo sua própria heroína — com ou sem companhia. ★

MARCAS DA DOR

JORDANA ANDRADE
ilustração ISADORA M.

Às vezes, estamos tão tristes que nada nos tira da dor que estamos vivendo. Ficamos remoendo os pensamentos ruins, carregando mundos invisíveis que pesam toneladas sobre nossos ombros. Algumas vezes, a dor é tanta que precisa sair de alguma forma.

Quando temos esses momentos, pensamos em coisas ruins e agimos contra o nosso próprio corpo, que é quem nos sustenta e deveria receber apenas bons cuidados. Mas não conseguimos deixar o ódio de lado e descontamos em quem menos merece sofrer: nós mesmas.

A automutilação é um assunto muito delicado. Além de ser um ato extremamente prejudicial não só fisicamente como psicologicamente, é um assunto difícil de ser entendido, e muitas vezes é encarado da pior forma possível — como um meio de chamar atenção.

Deixo claro aqui: quem se autoflagela e quem planeja ataques a si mesmo não está em busca de atenção. Muito pelo contrário. Quem tem esse tipo de pensamento está num nível tão fundo e obscuro de depressão e tristeza que perde o respeito por si próprio, e faz isso para aliviar um pensamento incômodo ou algum sofrimento.

A automutilação pode acontecer em qualquer idade, mas a época mais propícia para o desenvolvimento dessa rotina é a adolescência. Nessa fase passamos por mudanças físicas e sociais que vão interferir no resto de nossas vidas. Perdemos, também, um pouco da noção do que é certo e do que é errado e deixamos de ter papas na língua — diga a verdade: quantas vezes, por exemplo, você já se dirigiu a alguma menina de forma má ou pejorativa? —, o que nos leva a tratar os sentimentos das outras pessoas como rasos e a julgá-las como carentes por atenção quando elas têm motivos muito mais profundos, e reais, para machucar o próprio corpo.

Não se sabe exatamente por que desenvolvemos o autoflagelo. Uma das teorias é que é mais fácil controlar a dor física do que a dor psíquica, ou seja, quando nos cortamos, orientamos nosso cérebro a se preocupar com aquela dor momentânea e desviamos nossos pensamentos do sofrimento profundo pelo qual estamos passando em nossa mente.

Caso você seja praticante de *cutting* (cortes) ou qualquer outro método que deixe marcas e, principalmente, que ponha em risco sua integridade física e até mesmo sua vida, você precisa de ajuda. Converse com alguém: com sua família, com uma amiga. Diga a seus pais que gostaria de fazer terapia — um acompanhamento psicológico pode ser muito importante nessa fase da vida e deve ser indispensável caso haja um histórico de autoflagelo. Você também pode ligar para o 141 e falar com um voluntário do Centro de Valorização à Vida, uma pessoa treinada e preparada para te acalmar, tranquilizar e orientar caso você sinta a urgência de se machucar.

Existem vários métodos para tentar desviar sua atenção da vontade de extravasar a dor por meio do flagelo. Um dos mais famosos é o da borboleta: desenhe uma borboleta onde você pretendia se machucar. Se você conseguir se controlar e o desenho sair de forma natural — durante o banho, com o passar dos dias —, você conseguiu devolver sua borboleta à natureza, e ela ficará feliz em se libertar, assim como você. É interessante dar a essa borboleta o nome de alguém que te faça bem e que queira ver você feliz. Afinal, é sua obrigação fazer com que a borboleta se sinta bem, ela é seu talismã.

Outro método é dizer para si mesma “eu não vou me machucar por quinze minutos”, marcar esses quinze minutos e, assim que eles acabarem,

> CASO VOCÊ SEJA *praticante de cutting* OU QUALQUER OUTRO MÉTODO QUE *ponha em risco* SUA INTEGRIDADE FÍSICA E ATÉ MESMO SUA VIDA, *você precisa de ajuda*

repetir a frase em voz alta. Assim você consegue se manter bem por longos períodos e se concentra em outras atividades importantes do seu dia. Vale lembrar que mente vazia é oficina do diabo. Arranje algo pra fazer (de preferência uma atividade que não envolva objetos que possam disparar o gatilho para a mutilação), como preparar um bolo, desenhar, ler, tomar um banho (você ficará ocupada em se ensaboar e nem vai lembrar da vontade de se machucar) ou qualquer coisa que te tire do ambiente fechado em que está e faça sua mente passear por outros caminhos.

Caso você seja próxima de alguma pessoa que passa por isso, nunca faça pouco-caso do sofrimento dela. Nunca diga que isso é necessidade de atenção. NUNCA diga que isso é falta do que fazer. Depressão não é mente vazia, é justamente o contrário — é quando você tem tantas ideias ruins e problemas e preocupações que simplesmente não consegue pensar em como se tirar desse abismo. Ajude quem precisa, converse sobre o assunto (ou não converse se a pessoa não quiser; nunca invada o espaço de uma pessoa, principalmente se ela está fragilizada) e, caso perceba que tudo está ficando fora de controle, apele para quem está perto: a psicopedagoga da sua escola, um professor bacana ou até mesmo os pais da sua amiga. Seja delicada e tenha uma conversa séria com um adulto, que vai poder te ajudar de várias formas. Conte o que está acontecendo e deixe claro que sua amiga não deve ser abordada de forma invasiva.

Cuide bem do seu corpo, não só pelo clichê de ele ser o seu templo, mas porque, se você subjugá-lo e negligenciá-lo, ele vai gritar. Nosso corpo dita como vivemos e, se ele está debilitado, não há nada que possamos fazer a não ser esperar ele se curar. ★

QUE TAL PREPARAR UM BROWNIE BEM GOSTOSO?

Brownie Isolda

NICOLE RANIERI
ilustrações GABRIELA SAKATA

INGREDIENTES

- 250 gramas de chocolate amargo
- 4 ovos inteiros
- 1 xícara ou 150 gramas de açúcar
- 100 gramas de manteiga em temperatura ambiente
- 1 xícara ou 250 gramas de farinha de trigo
- Nozes trituradas a gosto (você pode substituí-las pela castanha de sua preferência; fica maravilhoso com castanhas-do-pará!)

MODO DE FAZER

1. Antes de qualquer coisa, ligue o forno e deixe ele esquentando a 180ºC.
2. Pique e derreta o chocolate no micro--ondas. Tome cuidado, pois chocolate é um ingrediente muito delicado, então vá esquentando de 30 em 30 segundos, ou o chocolate pode queimar.
3. Com ele ainda quente, jogue o pedaço de manteiga no meio. Com o calor do chocolate, ela irá derretendo aos poucos. Não deixe nenhum pedaço inteiro sem derreter!
4. Em uma batedeira ou com um garfo, bata bem os ovos com o açúcar até que eles dobrem de volume.
5. Dentro do recipiente onde você bateu os ovos e o açúcar, jogue a mistura de chocolate (mesmo que ainda esteja um pouco quente) e misture bem.
6. Acrescente a farinha aos pouquinhos e vá mexendo até conseguir uma massa homogênea.
7. Acrescente as nozes e misture bem para que fiquem bem espalhadas.
8. Forre uma fôrma retangular pequena com papel-manteiga e despeje a massa.
9. Leve ao forno a 180ºC por cerca de 25 minutos e pronto! Já pode conquistar novas amigas pela barriga!

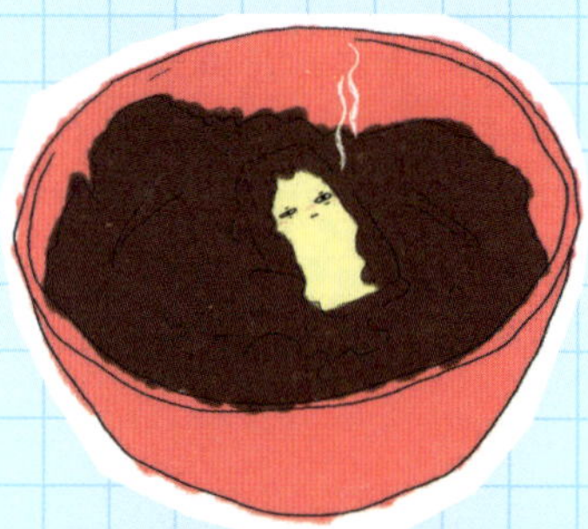

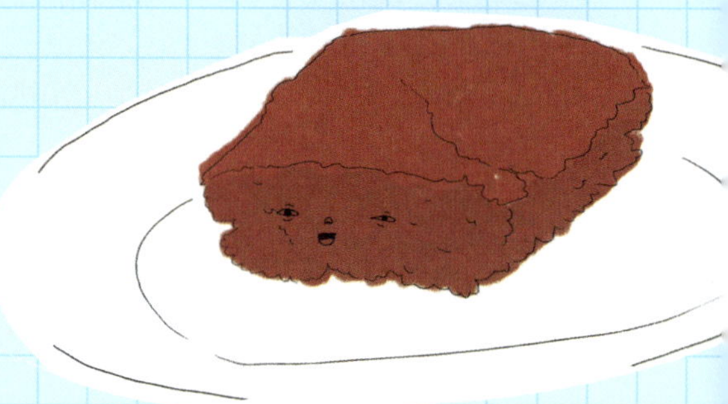

PEGUE LÁPIS DE COR BEM COLORIDOS PARA DAR VIDA A ESTE DESENHO.

ilustração MARINA SADER

CORPOS INVISÍVEIS

ALILE DARA ONAWALE, AMANDA LIMA,
ANDREZA DELGADO, DANI FENO e MARIA CLARA ARAÚJO
ilustrações ANA MARIA SENA e IZADORA LUZ CAMPOS

CORPOS GORDOS

Dani Feno

Eu nunca fui magra; ou melhor: nunca me *senti* magra, o que é mais importante. Sempre fui aquela criança "grande", que com seis anos vestia roupa tamanho oito; com oito, tamanho dez; e assim por diante. Sempre fui fofinha, gordinha, fortinha, a maior da turma e, na boca dos meninos do prédio, o hino que ficou anos na minha cabeça: "gorda, baleia, saco de areia". Mesmo que me esforce muito, não consigo lembrar de um momento em que tenha me achado magra. Mas consigo lembrar de diversas vezes em que pensei na necessidade de emagrecer. Era a ambição maior, toda moeda jogada no lago, todo desejo antes de assoprar a vela de aniversário, uma única palavra: emagrecer.

Aí foram anos de dietas, idas e vindas e trocas de endocrinologistas, remédios, academia, exercício físico e lágrimas, muitas lágrimas. Porque não importava o que eu fizesse, eu era sempre a "gorda, baleia, saco de areia". Fui crescendo e me sentindo cada vez mais inadequada, odiando meu corpo. Odiando tanto que eu não falava para ninguém o quanto odiava, nem para minha mãe, nem para as minhas melhores amigas. Era um sofrimento muito doloroso para ser dito em voz alta.

Porque eu é que estava errada, não é? Porque eu era um monstro, certo? Claro que era. Se eu rodava um shopping inteiro, entrava em todas as lojas e nenhuma calça servia em mim, era eu que estava errada. Se em todos os filmes e seriados que eu tanto amava a protagonista que vivia aquele romance lindo nunca era gorda, era eu que estava errada. Se a cadeira do ônibus, a cadeira do cinema, a carteira da escola nunca me serviam direito, era eu que estava errada. Se todos que mal me conheciam se sentiam no direito de opinar sobre meu corpo — como uma parente distante que me puxou em um Natal pra conversar e disse que eu tinha potencial para ser muito bonita se apenas me esforçasse e fechasse a boca —, era eu que estava errada.

Até que uma revolução aconteceu comigo. Depois de anos de sofrimento, mais uma dieta frustrada e um ano de baixíssima autoestima, entrei nesse mundo maravilhoso chamado *Capitolina* e, com ele, no do feminismo. De repente, comecei a pensar: "E se eu estiver certa? E se o meu corpo, mesmo sendo gordo, for maravilhoso? E se eu puder eu mesma decidir se quero ou não emagrecer? E se eu puder me amar exatamente como eu sou?". Foi libertador. Com todas essas meninas, com todas as suas histórias e com tudo que eu lia sobre feminismo, comecei a derrubar diversas imposições e desconstruir o "tenho que emagrecer". Para quê? Para quem? Para as lojas que não tinham meu tamanho? Para as pessoas que se metiam na minha vida? Para o meu futuro namorado imaginário, já que eu nunca viveria um romance sendo gorda? Então eu vi que nenhuma dessas respostas era "para mim". Eu não queria emagrecer para mim — e se não é para mim, eu não tenho que fazer nada, porque o corpo é *meu*.

Para o pessoal da saúde de plantão, sim, saúde é importante. Sim, eu vou em um endocrinologista regularmente, faço exames e exercício físico

E SE EU ESTIVER CERTA? E SE O MEU CORPO, MESMO SENDO GORDO, FOR *maravilhoso?*

e está tudo bem. Mas assim como eu, gorda, faço isso, a pessoa magra também deve fazer. Problemas de saúde não são exclusivos de pessoas gordas. Só que eu vou, sim, tomar meu refrigerante e comer meu chocolate e não vou achar que estou cometendo um crime. Sim, eu sou gorda — e tudo bem. Assim como uso óculos, assim como falo alto e gosto de Harry Potter. Tudo isso faz parte de mim e quer saber de uma coisa? Eu não mudaria nada, porque sou uma pessoa completa; tudo isso faz parte de mim e eu amo cada parte desses cento e poucos quilos de maravilhosidade.

CORPOS NEGROS

Alile Dara Onawale, Amanda Lima e Andreza Delgado

Corpos negros são corpos que incomodam, corpos que resistem, corpos que carregam em si luta e história. Mas onde estão esses corpos? Por que não conseguimos nos sentir minimamente refletidos na mídia, por exemplo? Por que só somos vistos em estatísticas de miséria, desigualdade e encarceramento? Somos a maioria da população brasileira, mas ao ligarmos a televisão, ao abrirmos uma revista ou ao vermos um filme, nossos corpos quase nunca estão, de fato, ali.

Dentro desse processo de invisibilidade, nos sentimos muito sós. Um dos diagnósticos que a exclusão de nossos corpos traz é a solidão da mulher negra. Algo que todas já sofremos na vida, até mesmo antes de entender qualquer questão ou relação social/ racial. Nosso corpo nunca é o bem-visto, muito menos o desejado. Somos animalizadas, objetificadas e hipersexualizadas.

É importante estarmos atentos ao quanto isso influencia a construção de nossa identidade como povo, ao quanto essa exclusão só alimenta diferenças. Nós estamos aqui, queremos ser vistas. Queremos ocupar outros espaços. Queremos nos sentir representadas. Representação é importante: encoraja, fortalece e empodera.

CORPOS TRANS

Maria Clara Araújo

Falar sobre corpos trans é discutir autorreconhecimento, autoidentificação e, principalmente, autonomia. A transgeneridade surge no momento em que reconhecemos ter o direito de construir nossos corpos a partir do nosso próprio entendimento. Ela vem para quebrar designações que buscam colonizar nossos corpos.

Visibilizar o corpo trans é pensar sobre as caixinhas e os rótulos que nos obrigam a suprir as expectativas de terceiros como se não tivéssemos direito a nossa subjetividade. Como se não tivéssemos o direito de nos construir socialmente da forma como desejamos ou achamos coerente.

Somos corpos tornados invisíveis por um sistema que apaga, mas que nunca será capaz de extinguir a chama. ★

REFLITA SOBRE O POEMA ABAIXO E CRIE ALGUMA COISA (UM TEXTO, UM DESENHO) TENTANDO ENXERGAR SEU CORPO SOB UMA LUZ POSITIVA.

uma mulher gorda
incomoda muita gente
uma mulher gorda e bêbada
incomoda muito mais

uma mulher gorda
é uma mulher suja
uma mulher suja
incomoda incomoda
muito mais

uma mulher limpa
rápido
uma mulher limpa

Angélica Freitas
In: *Um útero é do tamanho de um punho.*
São Paulo: Cosac Naify, 2012.

FILHA DO MUNDO

NICOLE RANIERI
ilustração BÁRBARA FERNANDES

Crises, guerras, trabalho, dinheiro, família, casamento, estudos: existem milhares de razões para alguém se mudar para um país diferente. Mas quando isso acontece com você, como lidar?

A primeira coisa que posso dizer é que o choque inicial é sempre grande. Tudo se intensifica quando a língua é diferente e você não sabe se vai conseguir se expressar direito, se será compreendida, se seus sentimentos serão passíveis de tradução, se conseguirá fazer novos amigos. Mas pode ter certeza que sim, tudo isso será possível e ninguém vai te prender por confundir "*kitchen*" (cozinha, em inglês) com "*chicken*" (frango), ou "*poisson*" (peixe, em francês) com "*boisson*" (bebida)! Uma das vantagens de vir de um país tão grande quanto o Brasil, com um fluxo migratório tão intenso, é que em grande parte do mundo ocidental e em parte do mundo oriental há milhares de comunidades brasileiras espalhadas, cheias de pessoas que já passaram e estão passando pelo mesmo que você e que serão as primeiras a oferecer ajuda, abrigo, carona e comida quando a situação apertar, cheias de abraços brasileiros e em português.

PENSE NA CHANCE QUE VOCÊ TERÁ DE *recomeçar do zero*, SEM AMARRAS, SER A PESSOA QUE VOCÊ QUISER, FAZER O QUE QUISER, SAIR COM QUEM QUISER (E *SE* QUISER)

A segunda coisa que certamente irá acontecer é a sensação de miudeza em relação ao mundo. Parece-nos meio surreal estar em outro continente, atravessar um oceano, estar a 22 mil quilômetros de casa — e de fato é. Mas, vendo a vida com olhos de Pollyanna, pense na chance que você terá de recomeçar do zero, sem amarras, ser a pessoa que você quiser, fazer o que quiser, sair com quem quiser (e *se* quiser). Isso sem contar a cidade, ou talvez o país inteirinho, que você terá para explorar, com comidas novas, música local, lojinhas de bairro, hábitos de moda e beleza diferentes, religião, costumes, literatura. Todo dia em um lugar novo é um prato cheio para expandir seu leque de conhecimento, que vai te ajudar a entender um tiquinho mais sobre o mundo.

Mas, apesar de todas as vantagens que uma cidade nova possa oferecer, a melhor parte de tudo isso, com certeza, são as pessoas. É maravilhoso, arrepiante, pensar em como podemos vir de lugares tão distantes, com infâncias tão diferentes: você, nascida em Goiás, criada pela sua mãe e sua avó, com dois cachorros, em uma cidade do interior, que adora música folk e filmes da Sofia Coppola; sua amiga, nascida em Nova Delhi, criada pelos pais, tias, avós e primos, com mais três irmãs, em uma megalópole, e que também ama música folk e filmes da Sofia Coppola — quem diria que isso poderia acontecer? Apesar de todas as diferenças, toda a origem cultural distinta, todas as influências de tempo e lugar, ainda assim há semelhanças em vários aspectos. Não é incrível?

Por fim, ficam aqui duas sugestões de livro, duas músicas e um programa de TV que podem te abastecer com mais informações sobre imigração e países diferentes. ★

Livros

AS CIDADES INVISÍVEIS, DE ITALO CALVINO

Nesse relato fictício, o explorador Marco Polo descreve, para o rei Kublai Khan, cidades pelas quais teria passado e as peculiaridades de suas populações.
Se lermos com atenção, podemos perceber que, no fundo, ele descreve todos aspectos possíveis de uma cidade — qualquer cidade, de qualquer tamanho — e como, mesmo diferentes, ainda são todas iguais em essência. Cada capítulo é uma cidade, e todas as cidades possuem nomes femininos.

MIDDLESEX, DE JEFFREY EUGENIDES

A saga da família Stephanides é marcada por transições: geográficas, econômicas, biológicas. O personagem que narra o romance é Cal, nascido Calíope, pessoa intersexo que, na juventude, se identifica como homem. É uma história sobre imigrantes, encontros físicos e culturais. Vai da Turquia a Detroit, do sonho americano à decadência, do Velho Mundo ao Novo Mundo e ao Velho de volta, numa busca eterna pelo pertencimento.

Série

O MUNDO SEGUNDO OS BRASILEIROS (BAND)

Esse programa de televisão, que hoje já virou uma série, apresenta as comunidades brasileiras ao redor do mundo e como nosso povo lida com adaptação, choque cultural e novos costumes. Ver essa série dá vontade de deixar as malas prontas e sair viajando por aí, para experimentar um pouquinho do sabor agridoce de cada cultura.

Músicas

"ROCKLAND COUNTY", DE REGINA SPEKTOR

Essa música reconta a história real da cantora. A família dela se mudou da Rússia para os Estados Unidos nos anos 1990.
A abertura comercial ocorrida na União Soviética durante os anos 1980 permitiu que muitas pessoas se mudassem de suas terras natais para onde pudessem ter uma vida mais digna, e foi o que aconteceu com os Spektor, que se mudaram com duas crianças pequenas e avós para Nova York, deixando tudo para trás para nunca mais retornar.

"PA'L NORTE", DO GRUPO CALLE 13

A música desse grupo porto-riquenho fala sobre ser nômade e não pertencer a um lugar só — ser uma pessoa do mundo.

USE ESTE ESPAÇO PARA PLANEJAR SUA PRÓXIMA VIAGEM!

Destino: ....

Partida: ..../......./....... Retorno: ..../......./.......

PROGRAMAÇÃO

Anote aqui tudo o que você quer ver — e viver — nessa viagem!

Pontos turísticos

....

....

....

....

Passeios

....

....

....

....

Comidas

....

....

....

....

Obras de arte

....

....

....

....

Compras

....

....

....

....

Eventos

....

....

....

....

SERÁ QUE NÃO FALTOU COLOCAR NADA NA MALA? CONFIRA ABAIXO.

Íntimo

[ ] Calcinha
[ ] Sutiã
[ ] Top
[ ] Meias
[ ] Pijama

Acessórios

[ ] Bolsa
[ ] Cinto
[ ] Elástico para cabelo
[ ] Lenço
[ ] Óculos
[ ] Tênis

Nécessaire

[ ] Absorvente
[ ] Band-aid
[ ] Condicionador
[ ] Desodorante
[ ] Escova de dentes
[ ] Escova de cabelo
[ ] Fio dental
[ ] Hidratante
[ ] Pasta de dente
[ ] Perfume
[ ] Protetor solar
[ ] Sabonete
[ ] Shampoo

Frio

[ ] Bota
[ ] Cachecol
[ ] Calça
[ ] Casaco
[ ] Gorro
[ ] Jaqueta
[ ] Luvas
[ ] Malha
[ ] Meia-calça
[ ] Meias grossas
[ ] Segunda pele

Calor

[ ] Regata
[ ] Shorts
[ ] Camiseta
[ ] Legging
[ ] Chinelo
[ ] Sandália

Cama e banho

[ ] Cobertor
[ ] Colcha
[ ] Edredom
[ ] Fronha
[ ] Lençol
[ ] Toalha
[ ] Travesseiro

Praia

[ ] Biquíni/ maiô
[ ] Bolsa de praia
[ ] Chapéu
[ ] Saída de praia
[ ] Toalha de praia

Mala de mão

[ ] Caderno
[ ] Caneta
[ ] Dinheiro
[ ] Documentos
[ ] Guarda-chuva
[ ] Guia de viagem
[ ] Livro
[ ] Passagem
[ ] Remédios

DEPOIS DA VIAGEM, NÃO FIQUE TRISTE POR TER VOLTADO! APROVEITE ESTE ESPAÇO PARA RELATAR AS NOVAS EXPERIÊNCIAS QUE VOCÊ VIVEU.

UMA PASSAGEM DE IDA PARA A EMPATIA

ISABELA SAMPAIO
ilustração JORDANA ANDRADE

Tenho muita experiência com viagens — já fiz várias ao longo da vida, e comecei bem pequena. Parece que foi ontem que estive em São Francisco, atravessando a ponte Golden Gate em um carro conversível cheio de pessoas queridas, lá pelo fim dos anos 1980. Também já fui à Inglaterra — visitei Londres algumas vezes e, em meados dos anos 1990, passei um tempinho em Lincolnshire, onde conheci um grupo de adolescentes incríveis. Nova York é meu destino favorito, conheço a cidade como a palma da minha mão. Já perdi a conta de quantas vezes viajei para lá, e em várias épocas diferentes: décadas de 1960, 70, 80, 90 e até mesmo no ano passado, o que me permitiu conhecer pessoas com ideais, relacionamentos, dilemas e modos de pensar bastante diversos. Além disso, já me aventurei em Hogwarts, caí de avião em uma ilha cheia de mistérios e dei uma volta pelos distritos de Panem, mas o clima por lá não estava nada bom.

A esta altura, você já deve ter passado das dúvidas em relação à minha idade para a convicção de que eu não estive em muitos — ou, quem sabe, em nenhum — desses lugares. Mas, a partir de agora, convido você a deixar essas certezas de lado e vir comigo descobrir a beleza das narrativas

MESMO QUE TENHAMOS UMA INCLINAÇÃO NATURAL PARA A EMPATIA, *é preciso exercitá-la* PARA QUE ELA SE *desenvolva*

ficcionais: através de seus livros, filmes e séries de TV favoritos, é possível se deslocar para diversos lugares e épocas diferentes — e até mesmo para outros universos e futuros distópicos — sem que você sequer precise sair do conforto do seu lar. Há, inclusive, quem prefira esse tipo de viagem àquele mais convencional. Ao ser questionado sobre o fato de não gostar de viajar, o filósofo francês Gilles Deleuze prontamente respondeu: "Garanto que, quando leio um livro que acho bonito, ou quando ouço uma música que acho bonita, tenho a sensação de passar por emoções que nenhuma viagem me permitiu conhecer". E ao viajar pelo mundo da ficção, você experimentará várias delas — tristeza, alegria, raiva, medo. Mas, acima de todas, destaco a mais vital: a empatia.

Você já deve ter esbarrado com essa palavra por aí, seja lendo algum texto na internet ou participando de uma conversa sobre o assunto com amigos, mas refrescarei sua memória: sabe aquela famosa frase "Tente se colocar no lugar dele(a)", que em pelo menos algum momento da vida já ouvimos ou reproduzimos? É justamente disso que se trata a empatia: em um movimento imaginário se colocar no lugar do outro, evocando um senso de identificação. Com esse exercício, nem sempre fácil de realizar, é possível enxergar o mundo através da perspectiva do outro, sentindo e compreendendo seus sofrimentos, medos e atitudes. Diversos estudos científicos já foram conduzidos para que este fenômeno fosse entendido com mais clareza, e descobriu-se que, além de aproximadamente 98% da população mundial já nascer com uma predisposição para desenvolver a empatia, ao vivenciarmos nossas próprias emoções e ao observarmos e imaginarmos as emoções de outra pessoa, a mesma área do cérebro é ativada.

Entretanto, mesmo que tenhamos uma inclinação natural para a empatia, é preciso exercitá-la para que ela se desenvolva — mais ou menos como aprender a andar de bicicleta. E quer melhor forma de praticar do que abrir um bom livro ou ligar a Netflix para assistir àquela série que você tanto gosta?

Uma narrativa bem construída pode ter efeitos poderosos. Quando ela oferece elementos capazes de instigar e prender a atenção do espectador, a mente embarca em uma viagem rumo a esse novo universo e, ao mesmo tempo, o corpo se desliga completamente do mundo ao redor. A ficção torna-se a realidade durante toda a narrativa, e é esse o gancho para a empatia entrar em cena: a imersão do indivíduo na trama estende-se também ao envolvimento com a vida, as motivações, as alegrias, as dores e as angústias dos personagens; tudo que eles sentem passa a ser também sentido pelo espectador. É bem provável que você já tenha experimentado esse tipo de conexão emocional com pessoas com as quais se identifica por ter algo em comum — isso é moleza! Há, no entanto, inúmeras narrativas ficcionais que são capazes de estimulá-lo a sair da zona de conforto e a se sensibilizar com realidades e histórias completamente diferentes das suas.

Se você já assistiu a *Orange Is the New Black*, adaptação exibida pela Netflix do livro de mesmo título, sabe exatamente do que estou falando. A série mostra a trajetória de Piper Chapman, que, após ser condenada a quinze meses de prisão por tráfico internacional de drogas, reencontra a ex-namorada e cúmplice Alex Vause na penitenciária federal feminina de Litchfield. Ao longo dos episódios, conforme acompanhamos os passos de Chapman, vamos pouco a pouco conhecendo e aprendendo a amar cada uma das mulheres fascinantes que também (sobre)vivem por lá. Eu poderia escrever um livro inteiro apenas declarando meu amor por essa série e explicando por que a considero tão importante em uma sociedade que precisa o quanto antes exercitar a empatia, mas tentarei resumir tudo nas próximas linhas.

Para começar, representatividade é a palavra-chave que define o programa. Há personagens negras, latinas, asiáticas, gordas, lésbicas, transexuais, idosas e até mesmo uma ex-freira. E, longe de serem clichês ambulantes desprovidos de personalidade, ou o estereótipo da mulher-forte-inabalável-sem-defeitos-perfeita-em-todos-os-sentidos que impossibilita qualquer tipo de identificação por estar a anos-luz da realidade, todas as mulheres que aparecem no decorrer dos episódios são personagens complexas e bem-construídas, fortes, mas ao mesmo tempo humanas, passíveis de erros e de sentimentos reais, como medo, raiva e incertezas. O principal mecanismo que desperta a empatia do público é a escolha narrativa de intercalar momentos do presente na prisão com flashbacks. Em *Orange Is the New Black* não há maniqueísmo: todas as mulheres foram presas por terem cometido um crime em algum momento da vida, mas mesmo assim, ao viajarmos para o passado de cada uma, passamos a conhecê-las com mais profundidade e estabelecemos uma conexão emocional com elas — que nos leva às lágrimas em diversos momentos —, tornando possível respeitá-las, amá-las pelo que elas são e compreender suas ações, por mais que nem sempre concordemos. O resultado disso é que você pode até não se identificar com as histórias pessoais das personagens, e não necessariamente faria o que elas fizeram, mas mesmo assim sente o desejo de acompanhá-las e até mesmo de ser amiga delas, imaginando como seria legal se fossem reais.

Esse é o impacto que boas narrativas ficcionais podem ter — elas são capazes de mostrar que o diferente também é complexo, humano e real. Assim, subvertem os pré-requisitos geralmente associados à criação de empatia, expandindo-os e nos treinando para a arte de viver em sociedade, uma vez que o nosso relacionamento com família, amigos e a humanidade em geral passa a ser percebido através de um olhar muito mais compreensivo e cheio de compaixão. Meu desejo é que obras como *Orange Is the New Black* se multipliquem e sejam capazes de tocar públicos cada vez mais jovens, expondo-os desde cedo ao conceito de empatia, e que, na viagem de volta à realidade, eles possam pôr em prática todos os valiosos ensinamentos da ficção. ★

VAMOS PRATICAR A EMPATIA? ESCOLHA UMA FIGURA FEMININA (PODE SER UMA PERSONAGEM HISTÓRICA, ALGUMA ARTISTA OU ATÉ MESMO PERSONAGEM FICTÍCIA) E ESCREVA UM TEXTO SOB O PONTO DE VISTA DELA.

A COR DOS OUTROS

LAURA PIRES
ilustração HELENA ZELIC

H*istorinha 1:* Em uma aula de sociologia, o professor perguntou à turma quem se considerava negro. Poucos levantaram a mão. Basicamente só se consideravam negros aqueles de pele bem escura, enquanto os mais claros, embora não se vissem como brancos, também não se viam como negros — se diziam morenos ou variações do tipo. Mais tarde, contei isso no trabalho, e os professores presentes na conversa ficaram impressionados. Quando falei para eles que isso não me espantava e que eu só passei a me entender como negra há poucos anos, todos deram de rir. Para eles, era óbvio que eu sou negra.

Historinha 2: Quando a *Capitolina* tinha uma semaninha de vida, li um comentário na internet de uma pessoa com uma crítica (muito válida) de que a nossa revista tentava ser inclusiva e representativa, mas, até aquele momento, não tinha nenhuma negra dentre as colaboradoras. Para essa leitora, era óbvio que eu não sou negra.

O que acontece é que, embora sejamos todos da mesma raça humana, resolveram dividir biótipos como se fossem raças também. E aí a gente aprende que branco é uma coisa, índio é outra, negro é outra e por aí vai, esquecendo que somos todos poeira estelar e que essas divisões são ridículas e só servem para estimular as segregações e, assim, a tal da discriminação.

Fora do Brasil, há países em que as chamadas raças baseadas em biótipos não se misturam tanto (em outras palavras: tem bem menos gente filho/a de biótipos diferentes) e, por isso, são consideradas negras pessoas com traços físicos específicos. Esses traços têm a ver tanto com a cor da pele quanto com o formato do nariz, os lábios mais grossos, o cabelo crespo etc. No Brasil, a coisa funciona um pouco diferente. Você já deve ter ouvido por aí a declaração hipócrita de que "no Brasil não tem racismo". Normalmente as pessoas justificam isso dizendo que, no nosso país, não tem por que existir racismo, já que há muita miscigenação (a tal mistura que falei ali em cima). Isso é uma grande bobagem, porque, pelo que observo, a única diferença do racismo contra negros no Brasil em relação a outros países é que aqui ser negro é (principalmente) uma questão de cor — passando também pela classe social, mas não vou entrar nesse aspecto.

Explico: aqui, temos o costume de considerar negros apenas aqueles que têm a pele mais escura e não reparamos muito em outros traços físicos. Sendo assim, muitas pessoas que, por definição, são negras ou seriam consideradas negras em qualquer outro lugar, aqui no Brasil não se veem dessa maneira, nem sofrem preconceito quando saem na rua. É mais ou menos o meu caso. Meu pai é negro e minha mãe é uma mistureba só (pele mais clara que a minha e traços misturados). Mamãe nunca sofreu nenhum tipo de racismo, mas, em outros países, é vista como negra. Eu, como comecei a contar ali em cima, às vezes sou considerada negra, às vezes não.

Minha primeira experiência como negra veio já com vinte e poucos anos, quando comecei a namorar um rapaz muito branco cuja família me considerava "a namorada negra do Fulano". Nunca sofri nenhum tipo de tratamento diferente da parte deles, mas eles me viam como negra e eu nunca tinha passado por isso. Na verdade, refleti sobre isso pela primeira vez alguns anos antes. Na época do vestibular, tive que marcar a minha etnia e "morena" não era uma das opções. Pois é, assim como os alunos da primeira historinha, cresci achando que era "morena" e precisei do vestibular pra sacar que "moreno" não é um biótipo.

Foi mais ou menos por aí que, muito lentamente, comecei a questionar por que eu e tantos outros de traços semelhantes aos meus crescemos nos dizendo "morenos" e percebi que a própria existência (e insistência) do termo é uma forma de racismo. Como a gente aprende que ser negro não é legal, aprendemos também a não dizer negro e ficar saindo pela tangente, dizendo que somos brancos, morenos, ou não dizendo nada.

Acabou que, no vestibular, marquei "pardo", porque assim me orientaram. Até hoje não entendi muito bem o que é "pardo". Perguntei por aí e as pessoas me disseram que pardo é o que não é branco, não é negro, não é índio, não é asiático... Pode se referir a uma mistura dessas coisas. Na mesma conversa da *Historinha 1* ali de cima, o professor de sociologia me disse que eu podia e devia ter me marcado como negra no vestibular. Contando essa história pra outra pessoa, ouvi que não, eu tenho olhos claros, então não sou negra. Muita gente acha que meus olhos claros vêm da família da minha mãe, já que ela tem a pele clara. Não sabem que, na família do meu pai, tem um monte de pessoas negras de olhos verdes, assim como os meus, enquanto na família de mamãe tenho alguns parentes distantes de olhos azuis. Então sei lá se meus olhos vieram da família do pai ou da mãe, mas sou muito mais parecida com o lado do meu pai e lá tem muito mais olho claro. Bobagem dizer que olhos claros são coisa de branco.

Outro dia, estava lendo na *Folha de S.Paulo* uma matéria sobre a dificuldade que mulheres negras sentem em encontrar maquiagem no Brasil. Você pode achar essa uma reclamação boba, porque é só

Comecei a questionar POR QUE CRESCEMOS NOS DIZENDO "MORENOS" E PERCEBI QUE A PRÓPRIA EXISTÊNCIA (E INSISTÊNCIA) DO TERMO É UMA **forma de racismo**

maquiagem e há problemas muito mais sérios no mundo, mas é aí que tá: como assim num país onde a maioria é negra ou miscigenada não tem nem maquiagem de acordo com a cor da pele de seus habitantes? Isso é sim uma forma de racismo. Eu não tenho esse problema. Descobri que sou bege médio para o mundo dos cosméticos e sou feliz com meu corretivo. Mas aí, então, eu não sou negra? Ou seja, o foco na cor da pele é o que me permitiria fugir da classificação de negra e que me fez crescer a vida inteira me achando "morena".

Na prática, o que acontece é que eu, por ser uma negra de pele clara o suficiente para só ser considerada negra em alguns meios, estou numa posição privilegiada no Brasil, pois não costumo sofrer racismo como meu pai e pessoas de pele mais escura sofrem. Não costumo enfrentar as dificuldades que pessoas negras de pele escura enfrentam diariamente. E é o próprio fato de eu e outras pessoas negras de pele mais clara aprendermos que somos "morenas" que nos faz ver negros como "os outros". É como se ser negro fosse um problema que ninguém quisesse ter e, se temos a pele um pouco mais clara, ufa, temos uma alternativa, podemos dizer que não somos negros e nos livramos de todos os problemas. É uma postura hipócrita e escapista, porque reforça a separação e, mais uma vez, faz com que os problemas que os negros enfrentam sejam problemas "dos outros".

Mamãe conta que a avó dela dizia que "escapou de branco, preto é". Acho que pensar dessa maneira é, de certa forma, um meio de combater o racismo. Porque o que mais tem por aí é gente racista que também é negra e nem sabe que é ou simplesmente não quer se ver assim. O silêncio em relação a declarar-se negro perpetua a discriminação já existente na nossa sociedade, porque põe o problema pra debaixo do tapete e nos distancia dele. Esse distanciamento acaba nos fazendo crer, erroneamente, que o racismo não existe, não nos afeta ou não é algo que nos diga respeito. E é assim que a questão deixa de ser discutida e combatida. Quando somos negros e optamos por nos dizer "morenos", "escurinhos", "queimados de sol", "bronzeados", "da cor do pecado" (!) e variações do tipo, estamos negando nossa própria identidade e nos

> *O silêncio* EM RELAÇÃO A DECLARAR-SE NEGRO *perpetua a discriminação* JÁ EXISTENTE NA NOSSA SOCIEDADE

isentando da questão racial, que é sim um problema no nosso país. Somos parte do grupo oprimido e estamos escolhendo, de maneira consciente ou não, ir pro lado do opressor. Devemos nos questionar por que essa atitude é tão comum, por que nos sentimos mais confortáveis nos declarando "morenos" do que "negros".

De uns tempos pra cá, passei a me assumir como negra. Alguns olham espantados, não sei se por não me verem como negra ou se simplesmente porque as pessoas não costumam se declarar assim. Eu nunca vou saber o que é sofrer racismo de verdade, porque, como disse, nem todo mundo me vê como negra. Mas essa luta me diz respeito também. Não é porque dei "a sorte" de ter uma cor de pele privilegiada na sociedade que a discriminação racial não é problema meu. Qualquer tipo de discriminação — seja de raça, classe social, orientação sexual ou o que for — é um problema de todos nós. Uma sociedade que segrega e exclui uns e dá preferência a outros é prejudicial a todos, pois prega desigualdade e hierarquias.

Fazer parte de um grupo privilegiado na sociedade não nos dá o direito de ignorar o problema. Eu não preciso ser o segurança do estabelecimento que olha torto pra negra que entrou e pede que ela se retire pra ser responsável por essa discriminação que ela sofre. Se eu ignoro a existência do racismo na sociedade, eu sou parte dele. O que podemos fazer é nos aliar àqueles que sofrem essas discriminações, ouvir e respeitar suas dificuldades, aprender com essas pessoas e ajudá-las a combater esses discursos e práticas de ódio. Silenciar a questão nunca é combatê-la: ignorar é reforçar. Se nos calamos, estamos contribuindo com o problema. Não nos calemos mais. ★

O MUNDO MÁGICO DAS CORES

FERNANDA PRIETO
ilustração JULIA OLIVEIRA

As cores estão presentes nas roupas, nos alimentos, nos lugares onde vivemos, por onde passamos etc. Elas podem nos ajudar a harmonizar nossos corpos, mentes e emoções, e o uso desse conhecimento se chama cromoterapia, ou "terapia das cores".

Trata-se de uma terapia alternativa muitas vezes ligada a práticas esotéricas como cristais, astrologia e *feng shui*. Mas, neste texto, não vou falar sobre o uso em tratamentos físicos; meu objetivo é passar uma introdução de como usar as cores a nosso favor.

Podemos incorporar cores em praticamente todos os ambientes, porém é mais imediato se começarmos pelas pequenas coisas, como unhas, cabelo, acessórios, fundos de tela e peças de roupa. Eu, particularmente, costumava ser muito monocromática, mas sempre me senti confortável trocando a cor do cabelo — e hoje percebo que esses tons realmente influenciaram meu estado de espírito. Mas esse processo vai de cada uma. Vá no seu ritmo, isso também é muito importante.

Mas Fê, vem cá, existem cores pra dedéu, como a gente vai se guiar nessa lista gigante já que cada uma traz um benefício?

VERMELHO
paixão e entusiasmo (em excesso pode provocar nervosismo e ansiedade).

AMARELO
concentração, disciplina, comunicação. Está associado à positividade e à sorte.

LARANJA
inspiração (por isso pode ocasionar distração). Está associado ao dinamismo.

VERDE
tranquilidade, equilíbrio e saúde. Associado à natureza.

AZUL
é relaxante, traz serenidade, paz.

ÍNDIGO
representa a compreensão e a intuição.

VIOLETA
estabilidade, concentração e autoestima.

BRANCO
é purificador, estimula a imaginação e produz a sensação de limpeza e claridade.

PRETO
aquilo que está dentro não sai e aquilo que está fora não entra.

Ó, a base da cromoterapia são as sete cores do arco-íris, e todos os textos que li divergem sobre algumas características das cores, assim como sobre as suas associações com as nossas emoções ou com alguns estados de espírito. No entanto, esses textos concordam em vários pontos, e muitos deles não parecem ser novidade. Assim, fiz uma listinha (ao lado) com o que normalmente se fala sobre as sete cores do arco-íris e decidi adicionar também o branco e o preto, porque são cores-chave para que fiquemos confortáveis em usar algumas peças coloridas quando ainda não abraçamos por completo a policromia.

Com isso, você já consegue incluir mais as cores no seu dia a dia. Caso você queira experimentar a cromoterapia de forma mais sutil, uma boa ideia é comprar um livro de colorir ou fazer alguma outra atividade que inclua a escolha de cores — e escreva como estava se sentindo antes de começar a pintar e depois de acabar sua sessão de cromoterapia. Você pode começar com lápis de cor ou canetinha e, conforme for se acostumando com o uso das cores, pode se arriscar com tintas. Uma boa ideia é usar aquarela, porque além de ser prático de manusear (é só água e a pastilha), também permite explorar misturas de cores e transparência. Criar o seu próprio diário artístico também é um bom jeito de explorar o uso das cores, já que nele você vai expressar as suas emoções através de imagens. E, como é pessoal, você nem precisa se preocupar se vai ficar bonito!

Dica da Fê: você não precisa seguir extremamente à risca o que dizem sobre as cores; também acredito que precisamos pesar nossas experiências pessoais com elas, de forma a criar nossos próprios significados. Os livros trazem estudos sobre as cores, mas isso não significa que esses estudos necessariamente dizem respeito ao efeito das cores na sua vida. Afinal, todo mundo tem uma perspectiva própria de olhar o mundo, não é mesmo?

Que tenhamos dias mais coloridos! ★

SIGA A DICA DA FÊ E COMECE A CRIAR SEU DIÁRIO ARTÍSTICO AQUI, EXPRESSANDO-SE ATRAVÉS DE DESENHOS E, CLARO, DAS CORES.

QUEM TEM MEDO DE BRUXA?

LORENA PIÑEIRO
ilustração DORA LEROY

Quando ainda era menina de mente inventiva, minhas paixões resumiam-se a galáxias distantes, dinossauros e, principalmente, bruxas. O segredo para conquistar meu pequeno coração era um chapéu pontudo e um caldeirão cheio de coisas esquisitas. Magia sempre foi fonte de absoluto fascínio e alento: nos meus contos favoritos, bruxas eram as personagens femininas que escapavam do papel de vítima ou enfeite. Eram donas de suas próprias histórias. Como todo fruto dos anos 1990, minhas referências eram as garotas fantásticas de *W.I.T.C.H.*, a Sabrina, a Morgana de Avalon, as amigas e rivais de *O Mágico de Oz* e, óbvio, meu amor eterno e verdadeiro, Hermione Granger. Mas aí você cresce, deixa de enxergar arco-íris brotando do concreto, descobre o patriarcado etc., esses ritos de passagem de toda mulher. Então eu aprendi que o universo da feitiçaria não se restringia à cultura pop, e que na fábula das bruxas de carne e osso os vilões eram outros.

A atração e o medo provocados por encantamentos não são novidade na trajetória do Ocidente. Por isso, para entender essa história, precisamos dar umas voltas no relógio. Documentos da Antiguidade clássica que sobreviveram ao tempo mostram que magia era um crime passível de punição na

Grécia e na Roma antiga, ainda que bruxas fossem abundantes nas mitologias dessas sociedades. Os gregos falavam de Circe, de Hécate e das três Moiras, divindades femininas associadas à feitiçaria. Elas sempre estiveram por perto, ocultas nas sombras, manifestando seus poderes nas histórias transmitidas de mãe para filha e eternizadas em tradições.

Bruxas também eram mencionadas de forma nada afetuosa na Bíblia. Com a cristianização dos povos, o cerco começou a apertar para nossas deusas, loucas e feiticeiras: práticas de culturas pagãs foram conectadas ao demônio, um véu de superstição e medo cobriu os olhos de muita gente. Mas foi só a partir do fim da Idade Média e início da Moderna, no finalzinho do século XV, que a situação se complicou. Foram construídas as bases para o pânico e a histeria em massa que resultaram em um genocídio e um feminicídio.

No início, a caça às bruxas foi feita paralelamente à perseguição a outros grupos acusados de heresia: cátaros, templários, homossexuais e um pessoal que ia de encontro aos ideais da Igreja. Depois, o fenômeno ganhou vida própria e tomou proporções assustadoras. O estereótipo da bruxa praticante de magia negra que faz pactos com o diabo e come criancinhas se espalhou como fogo de palha, e tal fogo levou consigo a vida de várias pessoas. O papa Inocêncio VIII deu autorização para que a Inquisição fizesse o que fosse necessário para se livrar das feiticeiras, enquanto o monge Heinrich Kramer escreveu *O martelo das feiticeiras*, ensinando juízes a reconhecê-las, torturá-las e condená-las. Se a mulher não chorasse durante o brutal interrogatório, era automaticamente culpada. Que tipo de mulher não chora, afinal?

O período ficou conhecido como *The Great Witch Craze*, que significa algo como "a grande histeria das bruxas". E histeria é a palavra certa. Estima-se que quase 50 mil pessoas tenham sido condenadas à morte, embora alguns especialistas acreditem que os números sejam maiores. O historiador Robert Thurston acredita que 85% das vítimas eram mulheres. Ainda que existissem alguns acusados do sexo masculino, é impossível negar o caráter misógino da caça às bruxas. O pânico está ligado à estigmatização da mulher: falava-se do poder feminino, da maldade, da sedução, identificados especialmente naquelas mais velhas que viviam fora dos parâmetros da sociedade patriarcal. Há um trecho bem famoso

NOS MEUS CONTOS FAVORITOS, BRUXAS ERAM AS *personagens femininas* QUE ESCAPAVAM DO PAPEL DE VÍTIMA OU ENFEITE

do livro *O martelo das feiticeiras* que demonstra perfeitamente essa relação. Traduzi para vocês: "Nenhuma maldade pode ser comparada à maldade de uma mulher [...] O que mais seria uma mulher além de uma inimiga da amizade, uma punição inescapável, um mal necessário, uma tentação natural, uma calamidade desejável, um perigo doméstico, um prejuízo deleitável, um mal da natureza pintado de cores atraentes".

Um dos casos mais notórios da época aconteceu nos Estados Unidos, em 1692, quando o país ainda era uma colônia da Inglaterra. Em Salém, Massachusetts, a filha de um reverendo ficou severamente doente, tendo convulsões, produzindo sons incompreensíveis e agindo de forma agressiva. Outras meninas da região logo apresentaram os mesmos sintomas. Sem encontrar uma explicação plausível, os protestantes apelaram para o sobrenatural — bruxaria. Surpresa: as principais acusadas foram três mulheres. Outra surpresa: elas eram uma pedinte, uma idosa pobre e uma escrava de etnia dúbia chamada Tituba. As duas primeiras alegaram inocência, mas Tituba confessou e supostamente plantou a semente da paranoia na região, dizendo que havia muitas outras bruxas espalhadas por Massachusetts, prontas para derrubar os puritanos. As três mulheres foram presas e dezenas de pessoas foram interrogadas. Vinte foram enforcadas em Gallows Hill. Por uma quantia módica, hoje turistas podem visitar o local e ver o horror reencenado.

Diz-se que o depoimento de Tituba foi o estopim para o pânico de Salém, mas ninguém conhece sua versão da história. Historiadores acreditam que a mulher confessou seu "crime" após ter sido espancada pelo reverendo Parris, a quem servia. A confissão também a livrou da sentença de morte, sendo uma das poucas sobreviventes do julgamento. Mais tarde, Tituba se retratou, alegando ter mentido. O juiz Samuel Sewall também admitiu que suas sentenças foram um erro. Rumores, superstições, questões políticas, preconceito étnico, misoginia e fanatismo religioso parecem mais prejudiciais do que magia negra.

A caça às bruxas ainda acontece em algumas regiões do mundo, como a África subsaariana, o norte da Índia e Papua-Nova Guiné. A agência responsável por registrar e analisar dados criminais na Índia informa que, entre 2000 e 2012, mais de 2 mil pessoas foram assassinadas sob o pretexto de bruxaria. As vítimas são majoritariamente mulheres solteiras e viúvas detentoras de propriedades. Não é necessário um grande esforço para perceber a conexão entre suas mortes e a manutenção do regime patriarcal.

Contudo, depois de 1700, a perseguição foi drasticamente reduzida no Ocidente. Hoje, quando falamos de feiticeiras, pensamos nas adeptas da wicca, do xamanismo ou do druidismo, religiões pagãs. Paganismo é um termo guarda-chuva que engloba uma ampla variedade de crenças, práticas e tradições. A própria bruxaria também é um conceito abrangente que varia de cultura para cultura. O conceito existe desde os primórdios da humanidade e abarca habilidades mágicas para diversos propósitos. A feitiçaria na África não será igual à feitiçaria na Ásia ou na Europa, assim como dentro dos próprios continentes existem inúmeras variações relativas a povos e regiões.

Percebe-se, no entanto, que as práticas tendem a convergir para dois pilares: as mulheres e a natureza. As feiticeiras são mulheres heréticas por não participarem do culto ao Deus judaico-cristão — o Deus que se escreve com letra maiúscula; por pregarem a comunhão com um poder que não foi concebido por mãos humanas, e por descobrirem seu próprio poder. Seus corpos se fundem ao que há de espiritual no natural. É a imagem do feminino antes benigno, maternal e subserviente que se converte em selvagem. As bruxas modernas são herdeiras de tradições fascinantes transmitidas através de uma história manchada de sangue, tudo isso graças ao medo do desconhecido.

O ser humano tende a dominar aquilo que não entende, costuma condenar aquilo que não conhece. Seu julgamento é imediato e implacável. Mas há muito a ser descoberto através do contato com o outro, se estivermos dispostos a ouvir. Acredite você em feitiçaria ou não, o essencial é perceber que o mundo é muito mais complexo e heterogêneo do que pensamos. E isso o torna mágico por si só. ★

POÇÃO PARA ACABAR COM O PATRIARCADO

Acabar com o patriarcado não é fácil, mas também não é impossível. Usando os ingredientes certos da maneira adequada é possível fazer o feminismo triunfar. Para isso, você precisará de:

INGREDIENTES

2 xícaras de sororidade

5 colheres de empoderamento

2 quilos de autodefesa feminista

4 espelhos não distorcidos pelo padrão de beleza

3 litros de livre escolha sobre o próprio corpo

1 pitada de ....

1 colher (sopa) de ....

2 tabletes de ....

MODO DE PREPARO

1. Disponha os quatro espelhos não distorcidos pelo padrão de beleza ao seu redor enquanto prepara a poção. Isso criará uma barreira de proteção. Pode parecer exagero, mas acredite, é necessário: tem sempre um infeliz à espreita pra quebrar as pernas do feminismo (melhor até conferir atrás da cortina e embaixo da mesa por precaução).

   DICA não precisa surtar se você não tiver espelhos não distorcidos pelo padrão de beleza em casa. Basta esfregar num espelho comum um pouco de livre escolha sobre o próprio corpo.

2. Passe a sororidade e o empoderamento pela peneira individualmente, depois misture-os e reserve. Não vá dar uma de espertona e pular esta etapa! São ingredientes delicados: as propriedades de um só são ativadas na presença do outro!

3. Em um caldeirão, incorpore à livre escolha sobre o próprio corpo os dois tabletes de .... e a autodefesa feminista. Neste passo a temperatura do fogo deve ser mínima, assim como nossa paciência pra cantada na rua.

4. Acrescente a mistura de sororidade e empoderamento ao caldeirão, aumente o fogo ao máximo e deixe borbulhar. Feche os olhos e visualize todo o machismo que você já teve que enfrentar queimando nesse fogo.

5. Desligue o fogo e acrescente a importantíssima colher (sopa) de .... e a pitada de ...., que deixará a poção brilhante e gloriosa como sua personalidade.

6. Uhuu, sua poção está pronta! Conserve em um pote de vidro ou barro, longe das piadas machistas que são "só zuera, meu".

SUGESTÃO DE USO

Coloque algumas gotas na comida de quem acha que lugar de mulher é na cozinha, saia borrifando nas baladas com alta concentração de machos escrotos ou

....

....

(NÃO) TENHO MEDO

ANA PAULA PELLEGRINO
ilustração HELENA ZELIC

Não sou muito afeita a sair aconselhando os outros. Ou pelo menos acho que não sou, por não ser sábia para isso. Nem me arrisco muito. Mas este texto traz um conselho. Não estou vendendo, mas prometo que é bom. Queria, na verdade, que alguém tivesse dito isso para a Ana Paula de treze anos de idade. Então vamos lá.

Medo de escuro, sempre tive. Mamãe cansou de acordar no meio da noite pra me acudir em sua cama, eu com um medo irracional dos monstros que habitavam minha imaginação. O armário sempre ficara vazio, inabitado. Mas meus pensamentos voavam e eu tremia nas bases ao pensar em todos aqueles tentáculos, garras e dentes afiados que podiam sair lá de dentro. Coisa de criança.

É, coisa de criança. Mas não passou. Até hoje me pego achando que vi um espírito passar pela porta. Sonho com fantasmas e acordo suando frio. E quem dera só sonhos e ilusões de óptica noturnas me dessem medo. Muitas outras coisas me atemorizam na vida (e aqui não falo só do meu medo irracional de agulhas).

Sabe, tenho medo de fracassar. Esse é um medo bem forte... Achei que fosse passar, mas não aconteceu ainda. Não conta pra ninguém, mas já cheguei num ponto da vida em que o tropeço não resulta só em um joelho ralado. Agora, é ego ferido, oportunidade perdida, porta fechada. E eu, só. Ou pelo menos esse é o meu medo: ficar só. Ver-me sem chão, sem as conexões dessa rede que costumamos chamar de sociedade — mas eu prefiro chamar de comunidade —, que representa, para mim, a segurança de que não estou sozinha e que, talvez, e só talvez, haja algum sentido em tudo isso.

Há algum tempo, esse meu temor vem diminuindo. Trilho ainda o caminho do medo, mas atravessei um desfiladeiro importante. Reconheci que tenho medo de ser só. E o fiz talvez no momento mais certo, como se toda angústia anterior fosse prelúdio para o pequeno segundo que duram as epifanias. Mas ela veio, e agora é minha.

Descobri que tenho medo de ser uma pessoa sozinha bem quando encontrei minha sororidade, no espaço seguro do coletivo, onde não se julga o próximo. Escuta-se, acalenta-se, aconselha-se, vive-se junto. Construímos. E dividimos — divide-se muito, principalmente com quem não está dentro desse clube ainda. Essa coisa de clubes fechados não está com nada; a beleza de viver está na arte de trocar, na partilha. Afinal, compartilhamos o mesmo mundo. Vivemos juntas (apesar de tantos filmes e livros nos falarem que mulheres só competem entre si, está na hora de aceitar que, na real, não tem competição nenhuma, não estamos num concurso) e, nessa construção coletiva, descobrimos que, se a vida é um jogo, ele com certeza não é de soma zero.

Por isso, te dou esse pequeno conselho: viva o coletivo, pratique a sororidade, principalmente se você é que nem eu, que morre de medo da solidão e do desgarramento. Não há verdades, não há corretos, nem há errados. Há confiança, companhia e, sobretudo, amor. E amor, minhas caras, ajuda a superar o medo. Porque na verdade todo mundo tem medo.

Foi com minhas amigas que aprendi o quão importante é estar presente para o próximo, o quanto um abraço, ainda que distante, ajuda na hora do aperto e o quanto ser cara de pau é necessário. Ouvimos tanto que devíamos tomar cuidado que às vezes passamos a duvidar de nós mesmas.

DESCOBRI QUE *tenho medo* DE SER UMA PESSOA SOZINHA BEM QUANDO ENCONTREI MINHA SORORIDADE, NO ESPAÇO COLETIVO, *onde não se julga o próximo*

Criamos nossos próprios *nãos*, quando podíamos estar criando *sims*: sim, eu quero; sim, eu posso; sim, vou fazer isso ou aquilo. "Vou ser assertiva, vou seguir meu sonho. Não vou ter medo de querer e de achar que pode dar certo." Errar faz parte. Todos erram, te garanto. Se caímos, levantamos — assim mesmo, no plural. E não precisamos nos envergonhar das nossas vontades, ainda mais quando elas são compartilhadas com outras tantas vidas que se cruzam com a nossa no coletivo. Eu e você somos nada mais que nozinhos numa grande rede. Sempre fomos, mas eu demorei a perceber e a me aceitar nessa condição. Tive medo de não ter amarras sem saber o que elas eram. E agora tenho um espaço seguro onde não sou julgada por ter medo.

Continuo acendendo sempre uma luzinha de noite. Não chamo mais minha mãe de madrugada, mas talvez mande uma mensagem para alguma das minhas amigas, sem vergonha de admitir que tenho 24 anos na cara mas estou morrendo de medo da porta que rangeu. E elas sempre respondem, porque, independente dos meus pesadelos, não estou sozinha. Você também não. ★

MÁGICOS, MÍTICOS OU LENDÁRIOS?

VERÔNICA MONTEZUMA
ilustração JORDANA ANDRADE

Míticos, mitológicos, lendários, folclóricos... Existem vários tipos de seres que podem ser considerados mágicos. Mas o que une essas criaturas é que elas costumam ser cheias de simbolismos e metáforas para valores culturais das regiões e épocas em que apareceram. Outra situação muito comum é o uso desses seres fantásticos para explicar fenômenos que ninguém desvendou ainda, tipo as pegadas do Pé Grande, ou o Monstro do Lago Ness.

São seres completamente inventados, com poderes sobrenaturais, tamanhos fora do esperado, ou junções bizarras de várias criaturas, como a quimera ou o grifo. Porém, alguns chegaram a ser catalogados durante muito tempo como bichos reais, caso do unicórnio! De toda maneira, como não existe nenhum outro registro, nada de fósseis ou coisas do tipo, os cientistas atuais questionam essas informações.

O simbolismo por trás desses animais também se aplica a bichos que existem (a pata do coelho que traz sorte e o corvo e o urubu que representam mau agouro, por exemplo), o que só aumentava a dúvida quanto à real existência desses seres mágicos. Na Idade Média, o realismo da representação não era importante, o que importava era a mensagem que queria se passar com o simbolismo da cena. Dessas representações livres podem ter surgido vários bichos loucos, que na verdade eram só desenhos despreocupados com a aparência. Vamos conhecer alguns?

DRAGÃO

O dragão é uma criatura mitológica superantiga, mais conhecida pelas versões presentes em duas tradições: a europeia e a chinesa. São representados como serpentes gigantes (inclusive, essa é a origem do nome), mas também como uma espécie de lagarto, às vezes com asas. Ninguém sabe muito bem de onde surgiu o dragão, mas uma hipótese é terem sido inventados quando povos antigos encontraram fósseis de dinossauros e animais gigantes, tipo baleias. Os dragões têm simbolismos muito variados dependendo da cultura e do momento histórico em que apareceram — desde seres que representam sabedoria a feras descontroladas.

UNICÓRNIO

O unicórnio é um cavalo ou cabra, geralmente branco, que tem um chifre único e pontudo no meio da testa. Ele foi, por muito tempo, considerado um animal real, aparecendo até na Bíblia, e sua imagem pode ter vários significados. O mais comum está associado à força e à pureza. Uma das possíveis origens do mito é um rinoceronte que tinha um chifre gigantesco no meio da testa, extinto há pelo menos 50 mil anos. Algumas pessoas acreditam que os fósseis desse animal, ou ainda fósseis de outros animais montados de forma incorreta, podem ter gerado a imagem do unicórnio.

ELFO

Os elfos são seres que fazem parte da mitologia nórdica e celta. Eram divindades relacionadas à natureza e à fertilidade, e descritos como seres de grande beleza, sensíveis, muitas vezes imortais. É comum encontrar registros na tradição germânica: músicas medievais falando de relacionamentos sexuais entre humanos e elfos, além de muitos contos em que essas criaturas eram consideradas más.

FADA

A origem do nome "fada" vem do latim e significa "destino". As fadas, então, seriam criaturas que têm a capacidade de interferir no destino das pessoas. Apesar de hoje elas serem retratadas como protetoras (fadas madrinhas, por exemplo), antigamente eram consideradas maldosas e acreditava-se que deveríamos nos proteger delas.

FÊNIX

A fênix é um pássaro da mitologia grega, de penas vermelhas e douradas, que quando morre, entra em combustão e depois renasce das próprias cinzas. Ela é uma alegoria para o movimento do sol, que todos os dias nasce e morre nos céus. Por isso também é até hoje um símbolo de imortalidade, e as suas lágrimas teriam poderes curativos.

VAMPIRO

A lenda do vampiro existe há muitos séculos, podendo ser encontrada na Mesopotâmia e mesmo na Grécia antiga. Mas o vampiro como a gente conhece surgiu por volta do século XVIII, na Europa. As primeiras lendas dessa época descreviam vampiros como homens inchados e de cor arroxeada, com sangue escorrendo da boca, usando a roupa funerária tradicional da época.

CENTAURO

Os centauros também são seres da mitologia grega. Eles teriam cabeça, braços e dorso humanos e o resto do corpo de um cavalo. Sua simbologia tem a ver com a relação entre a natureza selvagem e a civilização, representada de forma física na criatura. O mito grego tem toda uma história envolvendo duas famílias de centauros e essa disputa entre o racional e o irracional.

SERES MÁGICOS NO BRASIL

No Brasil, o folclore é supervariado, estudado na escola e até mesmo na universidade. Ele recebeu contribuições das culturas indígena, portuguesa, negra e de muitas outras. Afinal, é um país miscigenado. É muito difícil, quase impossível, precisar quando surgiram lendas folclóricas, mas a gente sabe que elas vêm sendo estudadas desde o século XIX.

Dentro do folclore nacional existem milhões de tradições; entre elas, as lendas de seres fantásticos que muita gente conhece desde pequeno. Entre os mais famosos, a gente tem:

SACI-PERERÊ

O saci é um exemplo dessa fusão de culturas e histórias: ele teria surgido com os índios no sul do país, como um moleque maldoso e/ou brincalhão, e, no norte, com a influência da mitologia africana, ganhou outros elementos, como a cor negra e a falta de uma perna, que teria sido perdida em uma disputa de capoeira. Ele ainda leva um pouquinho da mitologia europeia no chapéu vermelho, que veio do trasgo do folclore português, para chegar na imagem que a gente conhece hoje, aquela eternizada por Monteiro Lobato.

BOTO

A lenda do boto veio da região Norte do Brasil, e conta que, em noite de festa, o boto-cor-de-rosa, espécie que vive no rio Amazonas, se transforma em homem e seduz as mulheres, levando-as para o fundo do rio e engravidando-as. Dizem que essa lenda era muito usada pra justificar a gravidez fora do casamento, e até hoje, quando isso acontece, a criança é chamada de “filho do boto”. O homem em que o bicho se transforma usaria terno e chapéu, e para reconhecer sua verdadeira identidade bastaria pedir que ele tirasse o acessório, pois daria pra ver o furinho que o boto tem na cabeça para respirar.

CURUPIRA

O curupira, também chamado de caipora, é uma espécie de entidade das matas. Ele se apresenta como uma criança de cabelos vermelhos, que tem os pés virados para trás. No meio da floresta, ele faz barulhos e chama pelos caçadores, índios ou quem quer que esteja lá no meio do mato atrás de bichos ou plantas, e os confunde com as pegadas ao contrário, fazendo com que se percam completamente. O caipora, dizem, gosta muito de fumo e cachaça, por isso é costume deixar um pouco de cada como oferenda quando se vai andar pelo meio da mata fechada.

MULA SEM CABEÇA

A mula sem cabeça não tem origem muito certa. Segundo alguns pesquisadores, ela existe desde a Idade Média europeia, pois partes da sua história estariam presentes em um livro popular da época, chamado *Scala Celi*, de Johanes Gobi. Segundo a lenda, se uma mulher namorar um padre, vira uma mula com fogo no lugar da cabeça, ferraduras de prata e um freio de ferro. A mula corre sem parar e relincha muito alto, mesmo sem cabeça. Se alguém tirar o freio de ferro da mula, o feitiço é desfeito e a mulher volta ao normal, arrependida dos seus pecados. Como dá para ver, essa lenda está muito atrelada às crenças católicas, e tinha, como a história do boto, uma aplicação na vida real.

TRAGO
SEU
AMOR

AMOR, DESENCANTO E HARRY POTTER

BRENA O'DWYER E DORA LEROY
ilustração VERÔNICA VILELA

Desrealidade: sentimento de ausência, fuga da realidade experimentada pelo sujeito apaixonado diante do mundo.
ROLAND BARTHES

Vivemos em um mundo desencantado. Com gigantes estruturas metálicas calculadas até os decimais, conexões medidas em megabytes, pílulas, compostos orgânicos com instruções genéticas. Até os arco-íris, cores que aparecem magicamente no céu, são ilusões da física e da forma das nossas retinas. O mundo é o tempo todo cientificamente comprovado.

A grande maioria de nós desconfia de forças espirituais, sobrenaturais e religiosas. Ficamos bem mais confortáveis com estudos feitos em laboratórios onde as pessoas vestem jalecos brancos e usam óculos de proteção. Sempre queremos saber por que e como as coisas acontecem; explicações do tipo “porque sim” ou “porque eu sinto” não fazem muito sucesso. Mesmo assim, existe uma força fundamental, arrebatadora, intransigente, mágica, de outro mundo e inescapável. O amor. Uma das poucas coisas que parecem impossíveis de explicar, mas mesmo assim todo mundo acredita. Exatamente como quando um mago faz um feitiço, o amor acontece assim, sem explicação.

O amor transporta o indivíduo para uma nova realidade, ou para uma desrealidade, um local de ausência, fora do mundo, distante das regras sociais. O amor é uma fuga da dureza da vida.

O amor insere a possibilidade do mágico na nossa rotina tão calculada e inflexível. Você pode estar andando na rua e se apaixonar à primeira vista, pode conversar com um amigo de anos e sentir algo diferente, ou pode até vibrar quando aquela pessoa dá *match* com você no Tinder. Há um mundo de possibilidades nesses pequenos acontecimentos!

É difícil dar sentido ao mundo em que vivemos. Por que a gente faz as coisas do jeito que faz? E o que significa fazer as coisas desse modo? O amor dá significado para as nossas ações. Fazemos o que fazemos porque queremos existir para poder amar quem amamos. Podemos pensar esse sentimento como um mito de origem da nossa sociedade. É uma das formas de explicar de onde viemos e para onde vamos — uma interpretação sentimental e mágica. Então, mesmo neste mundo de fórmulas e teorias, as respostas pras nossas dúvidas sobre quem somos e o que fazemos aqui muitas vezes passam pelo afetivo, pelo inexplicável.

Amar é ser único e todos ao mesmo tempo. Uma das coisas mais bonitas de amar é saber que ninguém na face da Terra jamais sentiu aquilo que você está sentindo, mesmo que isso não faça o menor sentido, visto que todo mundo já amou, ama ou vai amar nesta vida. A ciência pode até tentar explicar, dizer que é genético, hormonal, químico. Mas quando a gente sente, profundamente, no coração, no estômago, nos sonhos, na respiração... não tem explicação que baste. A gente pode descrever os mecanismos de como a adrenalina funciona no nosso organismo ou falar do sentido que o amor dá às nossas vidas, mas continua sendo impossível explicar como ele é.

O amor e a magia andam por aí muitas vezes de mãos dadas: não é à toa que vemos em contos de fadas maldições sendo quebradas pelo poder

O AMOR INSERE A *possibilidade do mágico* NA NOSSA ROTINA TÃO CALCULADA E INFLEXÍVEL do amor, seja ele romântico, familiar ou entre amigos. No nosso Universo, o amor ainda não é uma força palpável, apesar de sabermos reconhecê-lo. Há outros mundos, porém, onde o amor pode se materializar — por exemplo, na forma de magia, e essa magia se transforma em poder para aquele que a possui. Esse é o caso de Harry Potter, série de livros escrita por J.K. Rowling.

Ao leitor desavisado, a história talvez não pareça uma ode ao amor, mas olhando de pertinho existe muito mais por trás das grandes aventuras de Harry. Há algo ali que paira em volta de todos os personagens, que deixa as cenas de ação mais intensas, a ausência de pessoas mais difícil, a vida em Hogwarts mais agradável. É um tipo de magia que ainda não se consegue aprender em sala de aula ou através dos livros da biblioteca. Seu poder inusitado, profundo e misterioso ainda é incontrolável; nem os bruxos e bruxas mais poderosos conseguiram adestrá-lo. Afinal, mesmo no mundo mágico, amor é essa coisa estranha, inexplicável.

Quando Lílian, mãe de Harry, sacrificou a própria vida para proteger o filho, a força da magia do amor atingiu seu ápice. Nunca antes alguém havia sobrevivido a uma Maldição da Morte. O feitiço lançado em Harry se volta contra aquele que o lançou, atingindo Lord Voldermort e destruindo seu corpo. A proteção de Lílian foi tão forte mas tão forte que permaneceu em Harry. O poder do amor deixou uma marca inabalável — se escondeu dentro de Harry, no seu coração, na sua pele, na sua mente. Da mesma forma, Harry só vai tão longe em suas aventuras porque possui pessoas que o amam ao seu lado: a força de Harry é fruto dos sentimentos de seus familiares e seus amigos por ele, e vice-versa.

Durante toda a série, o amor é relembrado diversas vezes. A magia do amor impediu por uma segunda vez que Lord Voldemort, possuindo o corpo do professor Quirrell, matasse Harry. O amor fez com que Harry e Rony entrassem na Câmara Secreta para salvar Gina. O amor dos Marotos (Tiago Potter, Remo Lupin, Sirius Black e Pedro Pettigrew) fez com que encontrassem uma maneira de ficar juntos, mesmo quando Lupin se transformava em lobisomem. O amor fez Rony voltar após ter abandonado Harry e Hermione durante a busca pelas Horcruxes. Também foi o poder do amor que ajudou Hermione a criar coragem para apagar a memória de seus pais e mantê-los em segurança.

A falta do amor, sua total ausência, também transforma os seres humanos — sejam bruxos ou não. Lord Voldemort, o grande vilão da história, por exemplo, é incapaz de amar. Essa magia e poder é, justamente, o ponto fraco dele: o amor é o único elemento que o Lorde das Trevas não consegue controlar de jeito nenhum. Por mais que tente entendê-lo e usá-lo a seu favor, nós sabemos que o amor é uma magia que não se estuda, não se aprende, mas que se sente. Por isso, não é de se estranhar que a arma mais poderosa e a maior proteção que Harry tem contra Voldemort seja sua capacidade de amar.

Por fim, não precisamos ser bruxas para entender que o amor é uma força arrebatadora. Mesmo nós, meninas nascidas trouxas, sabemos que quando amamos, ou quando somos amadas, a magia flui em nossas vidas: ela preenche o nosso corpo, afeta nosso modo de ver o mundo e revigora nossa alma. É por causa do amor que criamos coragem para enfrentar situações difíceis, ajudamos umas às outras e reunimos forças para seguir em frente. É o amor que, muitas vezes, dá significado às nossas atitudes e sentido às nossas vidas; da mesma maneira que ele um dia deu sentido à vida de Harry. Não precisamos estar em Hogwarts para entender e sentir: mesmo no nosso mundo comum, o amor é uma força mágica. ★

O AMOR É INDEFINÍVEL, MAS A HUMANIDADE SEMPRE TENTOU EXPLICÁ-LO. PROCURE EM LETRAS DE MÚSICA, POEMAS, LIVROS, FILMES OU OBRAS DE ARTE A MELHOR DEFINIÇÃO DE AMOR QUE VOCÊ PUDER ENCONTRAR E COLOQUE AQUI.

WE CAN DO IT: AS MULHERES NA FORÇA DE TRABALHO

STEPHANIE RIBEIRO E THAIS DE BAKKER
ilustração ISADORA CARANGI

Você já deve ter visto aquele cartaz antigo do "We Can Do It". A moça retratada lá tem o apelido de *Rosie, the riveter* (em tradução livre, Rosie, a rebitadora, que é um tipo de operária de fábrica), e essa tal Rosie se transformou em um ícone por todos os Estados Unidos. Ela apareceu em inúmeros produtos culturais veiculados pelo governo norte-americano com o objetivo de angariar mais mulheres para o trabalho pesado, tipicamente associado a homens e completamente diferente do tipo de trabalho que as mulheres vinham realizando – geralmente relacionado à educação, à enfermaria, à costura e afins.

A moça que aparece no cartaz se chama Rose Will Monroe e era de fato uma rebitadora, mas o objetivo principal da figura de Rosie era o de fazer com que o máximo de mulheres se identificasse com a imagem e seguisse os passos de trabalhadora da indústria pesada.

Essa imagem fazia parte de um processo que visava movimentar as mulheres e mobilizar todos os esforços possíveis para sustentar a Segunda Guerra Mundial. Nem é preciso dizer que inúmeros homens foram servir no exército, deixando seu país e seus empregos, e muitos desses morreram em batalha. Era necessário, portanto, que alguém operasse fábricas, como as de armamentos, por exemplo — e aí entraram as mulheres. O governo começou um processo intenso de propaganda tentando estimular as mulheres a trabalhar nos esforços de guerra, apelando especialmente para seu senso de nacionalismo e para a necessidade de proteger e apoiar seus homens em batalha.

Deu certo: nos EUA, em 1890, a porcentagem total de mulheres na força de trabalho era de 17% e em 1944 passou para 35,4%. Esse processo é mais associado aos Estados Unidos em grande parte devido ao cartaz do "We Can Do It", que aparece em todos os cantos até hoje, mas também aconteceu na Primeira Guerra Mundial e em vários outros países envolvidos nos conflitos. Por exemplo, na Alemanha de 1944, a participação das mulheres na força de trabalho estava em 51,1%, uma escalada surpreendente se comparada à de 1938, quando esse número estava em 37,4%.

Quando descobri que o símbolo mais famoso do movimento feminista e a mudança mais brusca e significativa nas formas de trabalho feminino foram resultado de uma movimentação do governo — composto naquela época quase completamente por homens — para atingir interesses bem contestáveis, me decepcionei.

Esse episódio também nos remete a outras coisas, como o mito mais comum sobre a origem do Dia Internacional da Mulher: é dito por aí que, em torno de 1850, em um 8 de março, mais de cem operárias de uma fábrica de tecidos em Nova York se mobilizaram em uma greve contra as condições de trabalho deploráveis às quais eram submetidas e foram horrivelmente reprimidas, sendo trancadas dentro da fábrica, que foi incendiada, e o Dia da Mulher teria sido criado em homenagem a essas vítimas.

Entretanto, a veracidade dessa história é controversa, e ela parece, na verdade, uma mistura de outros acontecimentos relevantes: uma greve de 1909 que durou mais de um mês e teve participação de cerca de 15 mil trabalhadoras da indústria têxtil; um incêndio numa fábrica têxtil que matou 125 mulheres e 21 homens; e uma greve em São Petersburgo de trabalhadoras do setor de tecelagem, no dia 23 de fevereiro do calendário juliano e 8 de março no calendário gregoriano, que teria sido o estopim da Revolução Russa. Sob a luz desses outros acontecimentos, muito pouco disseminados (por que será?), a história muda um pouquinho de figura, e o Dia Internacional da Mulher deixa de ser uma concessão feita pelos poderosos, para se tornar fruto do trabalho duro de mulheres para mulheres.

Se avaliarmos essa questão pensando nas mulheres negras, constatamos que, diferente das mulheres brancas, as negras nunca foram impedidas de trabalhar – pelo contrário, sua mão de obra foi inclusive escravizada. Tendo em vista esse passado, as mulheres negras lutavam contra mais amarras e ainda lutam. Nenhuma demanda inviabiliza a outra, são batalhas paralelas. Hoje, já podemos trabalhar, mas mulheres brancas ainda ganham menos do que homens e negras menos ainda, a maioria vivendo do trabalho informal e em serviços domésticos.

Não devemos nada que conquistamos a ninguém além de nós mesmas, e essas mulheres corajosas que sofreram mortes horríveis nas mãos do Estado e dos poderosos são a prova disso. A campanha para aumentar a participação das mulheres na força de trabalho que vimos na Segunda Guerra foi apenas o primeiro passo para mudar os lugares ocupados pelas mulheres na sociedade, e tudo, absolutamente tudo que conquistamos é mérito nosso. E ainda temos muito a conquistar, visto que mulheres são tratadas de forma desigual no campo profissional até hoje, e as negras ainda são predominantes nos empregos que envolvem servir os outros.

É importante lembrar que, quanto mais incomodamos, mais conquistamos espaço para nós, para nossas filhas e netas e para todas que virão depois. Toda vez que alguém se irrita com mulheres defendendo seus próprios direitos, o mundo fica um pouco melhor: a ordem defendida pelos governos e pelos poderosos só nos quer no poder quando interessa a eles, mas nós estamos pouco a pouco chegando lá, quer eles queiram, quer não. ★

Glossário

Conheça alguns problemas enfrentados pelas mulheres que podem ocorrer no dia a dia de trabalho:

BROPRIATION
junção dos termos *bro* ("mano") e *apropriation* (apropriação). É quando um homem leva o crédito pela ideia de uma colega mulher.

GASLIGHTING
forma de abuso psicológico em que se distorcem as informações ou questionam os sentimentos femininos para que as mulheres sejam levadas a acreditar que estão agindo feito "loucas" ou "histéricas", duvidando de si mesmas.

MANSPLAINING
aglutinação das palavras *man* (homem) e *explaining* (explicar). Ocorre quando um homem explica alguma coisa a uma mulher de maneira condescendente ou arrogante. É quando aquele colega vem te ensinar uma coisa que você está cansada de saber só para mostrar superioridade.

MANTERRUPTING
união de *man* (homem) e *interrupting* (interromper). É quando os homens interrompem desnecessariamente a fala das mulheres (em reuniões, por exemplo), o que geralmente não ocorre quando é outro homem que está falando.

GUIA EXTRAORDINÁRIO DOS ESPORTES MAIS BIZARROS QUE CONHECEMOS

BÁRBARA CARNEIRO E GEORGIA SANTANA
ilustração ISADORA MALDONADO

Os jogos esportivos estão presentes em todas as sociedades e há quem diga que até entre os animais. São inúmeras as teorias sobre como e quando os seres humanos começaram a praticar esportes — talvez eles existam desde a pré-história! Ao lermos sobre o tema, nos deparamos com esportes criados ao acaso, esportes que surgiram como parte do treinamento militar e jogos feitos apenas para passar o tempo. Embora possam parecer um pouco caóticas, essas atividades são cheias de regras que têm que ser aceitas por todos os participantes, e muitos contam com uma arbitragem para garantir a mediação de possíveis conflitos. Pensando bem, os jogos estão presentes em muitos momentos da nossa vida, mesmo que disfarçados. Praticar esportes ajuda a gente a sociabilizar, a desenvolver raciocínios e habilidades técnicas. Gostamos tanto de esportes que acabamos descobrindo várias modalidades esquisitíssimas e resolvemos apresentar algumas delas neste guia extraordinário!

OS ESPORTES DE INVERNO

A princípio, os esportes de inverno têm em comum apenas uma coisa: o verbo "escorregar". Em alguns, a ideia é escorregar no gelo com instrumentos (trenó, esqui). Em outros, a ideia é controlar esse movimento, como a patinação artística. Mas nenhum desses esportes é mais peculiar do que o curling. Criado na Escócia por volta do século XVI (as pedras de curling mais antigas encontradas na região do Reino Unido datam de 1511), o curling é uma das modalidades presentes nos Jogos Olímpicos de Inverno e chama a atenção porque os jogadores precisam ficar passando uma espécie de rodo para secar a pista. Dois times, com quatro competidores cada, lançam oito pedras de granito alternadamente, e ganha a equipe que tiver mais pedras próximas ao centro do alvo. O jogo pode demorar horas e é dividido em tempos chamados *ends* ("finais"). Em geral, cada partida dura dez *ends*, mas as equipes podem ganhar matematicamente antes ou desistir da disputa. Ah, e o nome, de onde vem? De "girar" em inglês (*to curl*), porque é esse o movimento que as pedras fazem quando são lançadas pelos competidores.

O PAÍS DO BIRIBOL, DO QUIMBOL, DO FRESCOBOL

Se chocolate e cobertas quentinhas têm que ser driblados para se competir em temperaturas gélidas, no Brasil não temos esse problema. Pelo menos três esportes "de verão" muito engraçados foram criados para nosso entretenimento: biribol, quimbol e frescobol. O sufixo *-bol* logo indica que todos têm em comum o uso da bola. Para praticar o biribol, inventado na cidade de Birigui, no interior de São Paulo, você precisa de: uma piscina, uma rede, uma bola e quatro a oito jogadores de cada lado, dispostos a não deixar a bola cair na água nem sair da área da piscina. A rede, parecida com a do vôlei, é um elemento que une o biribol ao quimbol, que também foi inventado no interior de São Paulo, mas na cidade de Piracicaba. O nome da modalidade homenageia Joaquim, o Quim, criador da modalidade. Para sermos bem sinceras, o quimbol parece uma adaptação do frescobol, esporte que domina as praias brasileiras desde os anos 1920. Aqui, ele é praticado em uma quadra. Esses dois esportes necessitam

OS JOGOS ESTÃO PRESENTES EM *muitos momentos da nossa vida,* MESMO QUE DISFARÇADOS

de uma raquete de madeira e uma simpática bolinha (é bom simpatizar com ela mesmo, porque, de modo geral, na modalidade amadora desses esportes a gente passa mais tempo abaixando para pegar a bola do que propriamente jogando). O objetivo é usar a raquete para jogar a bolinha do outro lado da rede, sem deixar que ela caia no chão.

PARA ACELERAR SEM TIRAR O PÉ DO CHÃO

Agora, imagine que a bolinha foi parar bem longe. Longe tipo vinte quilômetros de distância. E que você tem que buscá-la com agilidade, só que sem poder correr nem usar meios de transporte. A marcha atlética é o único esporte que pode te ajudar nessa missão. A esquisitice dessa modalidade é que ao longo da prova toda pelo menos um dos pés dos atletas tem que estar em contato com o chão. Praticada há muito tempo, a marcha atlética consta na lista de esportes olímpicos e fornece imagens maravilhosas de pessoas andando naquele limite entre o caminhar e o correr (claro que há toda uma técnica, que se assemelha a um andar "rebolando" e pode causar alguma estranheza).

A BIZARRA OLIMPÍADA DE PARIS DE 1900

Voltando aos primórdios, a segunda olimpíada da era moderna foi palco dos esportes mais estranhos. Realizado em 1900 em Paris, o evento foi praticamente ignorado pelos parisienses por ter acontecido junto com a Exposição Universal, que celebrava as conquistas do século anterior. Com duração de cinco meses, contou com a presença ilustre das modalidades de cabo de guerra, croquet e críquete.

Quem diria que cabo de guerra já foi esporte olímpico? Esse esporte, na real, se parece muito com a nossa brincadeira de criança: uma equipe numa ponta da corda, a adversária na outra ponta, uma linha marca o meio da corda, a primeira equipe a ser puxada pro outro lado perde. A outra forma de perder é a equipe cometer uma fraude, como um dos integrantes cair. Já o croquet — que imaginávamos ser um jeito errado de escrever críquete — é um esporte derivado do golfe, criado na Irlanda no século XIX e que consiste em passar bolas coloridas embaixo de arcos. Apesar de todas as fontes de pesquisa dizerem que é um esporte muito simples e fácil, as regras são bem difíceis de explicar. Tentemos: são 4 ou 6 bolas, de 2 a 6 jogadores, separados em dois times. Os arcos ficam dispostos no campo como dois losangos; os jogadores, se revezando, devem passar as bolas pelos arcos numa ordem específica. A cada 5 arcos ganham-se 2 pontos. Quatro arcos valem 1 ponto e há ainda dois piquetes no gramado — ao passar por cada um deles há a chance de ganhar 1 ponto. A cor das bolas determina a ordem de jogada também. Enfim, complicadíssimo. Além disso, há variações nas regras, dependendo da localidade.

O críquete, por sua vez, nada mais é que a versão inglesa do nosso bom e velho taco (esperamos que as gerações atuais e futuras ainda se formem jogando taco na rua, no sítio, no quintal ou no condomínio). O esporte surgiu no século XVI, no sul da Inglaterra, e as partidas podiam durar dias, o que parece bem esquisito para um esporte olímpico. As versões atuais podem durar horas, e são divididas em dois tempos. O objetivo do críquete é a defesa das estacas, chamadas de *wickets*. O jogo é separado em *innings* ("entradas"), tal como no beisebol, e cada rebatedor tem um *over* (seis arremessos) para acertar as estacas do time oposto. É jogado num campo oval e você também tem que levar em conta as corridas em volta do campo, de acordo com a jogada. Se o lançador joga a bola pra fora, ele ganha 6 pontos; agora, se ele jogar a bola pra fora mas ela quicar uma vez no gramado, ele ganha só 4 pontos. Há uma infinidade de outras regras, como não poder jogar a bola dobrando o cotovelo!

E O GRANDE VENCEDOR DESTE GUIA É...

Só que nem só de esportes facilmente imagináveis e jogáveis é feito este texto. Chegamos à categoria de esportes radicais prontas para introduzir uma modalidade que ainda não conseguimos decidir se é apenas uma atividade física ou o auge da dupla jornada entre trabalho e vida privada. O esporte se chama *extreme ironing* e foi inventado em meados da década de 1990, na Inglaterra. Traduzindo para o português: "passagem de roupa radical". Talvez tenhamos pouquíssimo para explicar a partir daqui. Conseguir passar uma camisa sem deixar vincos parece mesmo radical. Agora, fazer isso nas alturas, enquanto se desce um rochedo de rapel ou pendurado do lado de fora de um ônibus, é um grau de radicalidade que poucas vezes pudemos supor que existiria! (E pensar que ainda precisamos de tutorial para dobrar aqueles lençóis irritantes com elástico...)

AINDA NOS ACRÉSCIMOS [OU CRUZANDO A LINHA DE CHEGADA]

Movimento tem tudo a ver com esportes. E a gente curte mesmo várias modalidades. Ainda que passemos grande parte dos dias mexendo pouquíssimos músculos, sempre rola achar um espaço pro futebol aos domingos com as amigas ou o vôlei na praia com o pessoal. Sempre tem também aquele momento trocando de canal, em que paramos para acompanhar um jogo de tênis com jogadoras que não sabemos pronunciar os nomes. Mas, pelo jeito, as práticas esportivas são atividades muito mais amplas e até quem não vai muito com a cara da aula de educação física pode se animar a mexer o corpo — das formas mais diferentes possíveis — por aí! ★

PEGUE UMA FOLHA DE PAPEL E CRIE SEU PRÓPRIO ESPORTE MALUCO! PENSE EM QUANTOS JOGADORES VÃO PARTICIPAR, ONDE SERÁ JOGADO, OS MATERIAIS NECESSÁRIOS [BOLA, REDE, FERRO DE PASSAR?], O OBJETIVO E AS REGRAS.

O SOL QUE ILUMINOU NOSSAS RAÍZES TAMBÉM NOS ILUMINA

AMANDA LIMA, CLARA BROWNE, LORENA PIÑEIRO E LUCIANA RODRIGUES
ilustrações DORA LEROY

O processo de autoconhecimento, que começa a partir do momento em que chegamos ao mundo, não tem fim, mas todas podem confirmar que é durante a adolescência que nos deparamos com mais frequência com a clássica pergunta do "quem sou eu?".

Diante da pluralidade de nomes, cores, tamanhos e formas de pessoas que conhecemos nesta fase da vida, nossa cabeça fica confusa e, além de não termos certeza de quem somos, não sabemos quem queremos ser. Procuramos a resposta para essa pergunta no futuro — nos imaginando como o tipo de pessoa que admiramos no mercado de trabalho, adultos que vemos na TV ou nas revistas — e acabamos esquecendo do poder gigantesco que o passado exerce sobre nós, mesmo que não vejamos inicialmente.

Você já parou pra pensar sobre os seus antepassados e os caminhos que eles percorreram até a família chegar onde você está? Nossas colaboradoras refletiram sobre ancestralidade e a influência que aqueles que vieram antes de nós têm, até hoje, na construção de quem somos e quem nos tornaremos.

LUCIANA

Pensar no passado da minha família é algo que eu sempre fiz e pelo qual sempre tive interesse, mas foi há pouco tempo que comecei a refletir sobre isso de verdade. Eu cresci com a minha família materna, uma família gigantesca: ou seja, com gente de tudo quanto é cor. Meu avô é branco, minha avó era da minha cor (que hoje eu reconheço como preta). Juntos, eles tiveram nove filhos – alguns brancos, outros amarelos, outros negros. Minha mãe é uma das que saíram de pele clara, e eu cresci ouvindo que era a cara do meu pai, que é negro. Durante a infância, por não ter convivido com ele, ouvir sobre nossa semelhança era meio frustrante – eu queria ser igual à minha mãe, poxa! Por que eu tinha que parecer tanto com esse homem que mal vinha me ver? Meus tios me davam apelidos pela cor da minha pele e traços ("morena cor de jambo", "feijãozinho", "índia Paiacã") e eu cresci querendo clarear, não me sentindo confortável naquela pele cuja cor as pessoas usavam para fazer piadas comigo. E mesmo que minha mãe sempre me dissesse que eu era linda do meu jeito, que não precisava mudar por ninguém, eu me sentia frustrada.

Durante a adolescência, então, quando comecei a usar a internet e quase não saía de casa, acabei "clareando". Minha pele, antes marrom, estava amarelada. Sentia orgulho quando alguém apontava que eu estava "quase branca", sem nem perceber o que aquilo significava! Às vezes, porém, quando alguém me perguntava se eu era negra ou índia, eu negava com frio na barriga, como se fosse algo que tinham descoberto sobre mim e eu tivesse que esconder.

Mas em casa, com meus avós e minha mãe, a situação era diferente: minha avó, mulher muito espiritual, ligada à natureza e conhecedora de todo tipo de remédio caseiro com todas as plantas que você pode imaginar, sempre demonstrou orgulho de ser quem era. Durante o ensino médio, quando normalmente os adolescentes se afastam dos mais velhos, eu me aproximei dela. Conversávamos a manhã inteira sobre como era a vida dela no interior do nosso estado, Amapá, e ela me contava histórias que uma vez tinham sido contadas a ela também. Nessas conversas, comecei a reparar nos traços dela — olhos pequenos e puxados, boca carnuda, bochechas altas, pele escura — e a reconhecê-los em mim. Quanto mais eu admirava aquela mulher, mais sentia orgulho de me ver nela.

Minha avó morreu há muitos anos, mas com a lembrança dela ficou também o impacto das palavras que as pessoas me diziam e eu tentava ignorar: o apelido de índia que meu tio havia me dado na infância, a quantidade de gente que me perguntava se eu era descendente de japoneses ou chineses por causa dos meus olhos e os inúmeros comentários sobre como eu tinha uma beleza exótica foram se fincando. E eu demorei, relutei, mas finalmente reconheci que eu não era "quase branca", não tinha

QUANDO ALGUÉM ME PERGUNTAVA SE EU ERA NEGRA OU ÍNDIA, *eu negava com frio na barriga*, COMO SE FOSSE ALGO QUE TINHAM DESCOBERTO SOBRE MIM E EU TIVESSE QUE ESCONDER que me envergonhar se alguém afirmasse que minha pele era escura e que, quando alguém me chamava de indiazinha, era um orgulho pra mim e pra memória da família da minha avó, descendente de índios.

Depois de muito tempo, também descobri que a família do meu pai é toda composta de negros descendentes de escravos alforriados, e a realização do orgulho que isso me deu me encheu de felicidade. Por mais que vejamos gente de todas as cores nas ruas do nosso país, crescer como uma criança negra ou indígena ainda é muito difícil. O mundo tenta nos mostrar que bonito é ser claro, nos ensina a enaltecer o traço branco que encontramos em nosso rosto e empurra por nossa goela abaixo uma vergonha da cor que a nossa pele tem, quando na verdade existe todo um passado de luta e resistência por trás dessa pele escura ou desse cabelo enrolado.

Durante a minha adolescência, se alguém me perguntasse quem eu era, eu provavelmente pediria um tempo pra pensar e, no final das contas, acabaria dizendo algo bem genérico sobre como eu era complicada, mas especial, diferente. Hoje, quando alguém me pergunta quem eu sou, eu sei que posso encher o peito pra dizer que sou o resultado do que a minha família foi no passado; posso dizer que tenho não só consciência de quem eu sou perante a sociedade graças à minha avó, mas mais importante, que gosto disso — e essa é uma característica da qual, hoje, eu não permito que me façam sentir vergonha e pela qual não deixo que me diminuam.

CLARA

A raiz de minha família vem das frias terras do norte do planeta, numa grande mistura germânica-britânica-portuguesa-francesa, mas eu nasci sob o Cruzeiro do Sul — e tudo que é meu está aqui.

Minha família é muito grande e confusa. O que sei é que uns europeus fugidos se encontraram no Brasil, e foi assim que começou a família que conheço. Sei também que minha tataravó (ou alguma parente distante desse naipe) era uma índia e foi laçada e forçada a se casar. Sei também que Karl Marx (sim, o tal barbudo que escreveu *O capital*) também é parente meu. Mas tudo isso é distante demais, nebuloso demais.

Ninguém sabe ao certo como essas histórias se encaixam em minha árvore genealógica.

Se eu sou nascida sob o Cruzeiro do Sul, a história de minha família, para mim, não poderia ser diferente. Então, tudo começou num carnaval na praia de Icaraí, quando meu bisavô, Adão, se apaixonou por essa mulher que estava vestida de diabinha em papel crepom: Alaíde, minha bisavó.

Meu gênesis começa assim: Adão se apaixona pela diabinha durante o carnaval. E, depois, tudo o que sei são fragmentos de uma história de amor e luta — o tronco de minha árvore genealógica. Pois acontece que Adão era Adão Pereira Nunes, um médico e político comunista que lutou contra a ditadura e se refugiou em milhares de cidades pelo Brasil afora e que, depois de sua morte, ganhou nome de hospital no Rio de Janeiro. E minha bisavó, desde sua adolescência, lutou ao lado do marido, lutou até mais do que o marido.

Não conheci Adão. Mas conheci bisa Lalá, uma velhinha elegante que vivia falando para minha mãe e, depois, pra mim que "além de debochada, você é cínica". Foi apenas quando minha bisavó morreu, uma semana antes do meu aniversário de dezessete anos, que descobri a sua – e a minha – história completa. Bisa Lalá foi uma das fundadoras do partido comunista no Rio de Janeiro, exilada, cidadã ilegal, mãe de quatro filhas, uma em cada canto do país. Traída por seu marido, lia as cartas que a amante dele mandava e as admirava. "Alaíde, Adão está te traindo!", dizia uma de suas irmãs. "Ela não tem alcance...", minha bisavó se lamentava com sua outra irmã.

No dia em que os militares bateram na porta dela para prender seu marido, ela respondeu: "Ele não está, mas vocês entrem que eu faço um café para os senhores; mas as armas ficam do lado de fora, em minha casa não entram armas". E, assim, os militares de fato se desarmaram, entraram e tomaram café na sala em que passei parte de minha infância.

Depois de meus bisavós, ainda houve muito terreno. Muitas mulheres, sim, especialmente as mulheres, guerreiras em lutas sem tamanho. Houve coisa demais para contar em um único relato, coisa demais para saber ao certo. Guerrilhas, amores, festas, torturas, silêncios. Histórias nunca contadas por causa da dor que trazem consigo, histórias sempre contadas para não caírem no esquecimento. Minhas origens vêm daí, junto com a luta por um outro lugar. Junto com decepções e medos, mas também com muita união, festas e amores.

E ao conhecer toda essa história, entendi o caminho que corre em minhas veias. E que venho da gigante ironia de Adão ter se apaixonado pela diabinha de papel crepom. E ela ter dado à luz tantas outras mulheres. Incluindo eu mesma.

Tudo acontecido sob o Cruzeiro do Sul. Essa constelação que nos guia toda noite por águas de sal e mistério.

AMANDA

A voz de minha bisavó
ecoou criança
nos porões do navio.
Ecoou lamentos
de uma infância perdida.

A voz de minha avó
ecoou obediência
aos brancos-donos de tudo.

A voz de minha mãe
ecoou baixinho revolta
no fundo das cozinhas alheias
debaixo das trouxas
roupagens sujas dos brancos
pelo caminho empoeirado
rumo à favela.

A minha voz ainda
ecoa versos perplexos
com rimas de sangue
e
fome.

A voz de minha filha
recolhe todas as nossas vozes
recolhe em si
as vozes mudas caladas
engasgadas nas gargantas.
A voz de minha filha
recolhe em si
a fala e o ato.
O ontem — o hoje — o agora.
Na voz de minha filha
se fará ouvir a ressonância
o eco da vida-liberdade.

Conceição Evaristo, "Vozes-mulheres"
In: *Poemas da recordação e outros movimentos.*
Belo Horizonte: Nandyala, 2008.

Acredito que esse poema grite tudo aquilo que eu gostaria de saber falar. A trajetória do meu povo, de minhas raízes e minha luta. Do quanto de nós foi ficando para trás, e do quão grata eu sou nesse momento por poder, aos poucos, recolher em mim toda essa força e consciência de minha identidade e negritude. Essa é a trajetória da minha e de milhares de outras famílias negras nesse país. Esse é um círculo que nem sempre acaba com empoderamento. Às vezes, nossos pais e irmãos só são mais um número nas graves estatísticas. Mas eu tenho em mim um sonho, sonho de poder manter viva a memória de meu povo, o sonho de conseguir honrar nossa história e nossas vozes. Um sonho de reconstruir nossos caminhos e de não ser apenas mais uma pessoa invisibilizada e distante de minha raiz.

LORENA

Ancestralidade nunca teve a menor importância para mim. Cresci nos confins do mundo, numa área *mezzo* rural, *mezzo* suburbana, e estava mais interessada em encontrar amiguinhos que curtissem Senhor dos Anéis do que explorar minha herança cultural. Quando você é uma criança branca de classe média, sua identidade normalmente se resume às coisas de que você gosta. Antes de uma menina hispânica/ brasileira, eu era uma bruxa, uma elfa, uma Jedi, a Avril Lavigne.

A IDENTIDADE CULTURAL DE TODO MUNDO *anda um tanto fragmentada*

Comecei a desbravar a internet bem cedo e finquei minha bandeirinha nos fóruns e no Livejournal — uma espécie de avô do Tumblr. Aquele pedaço de terra virtual era bem mais relevante e palpável para mim do que a montanha distante de onde meus parentes vieram. Lá, nós amávamos as mesmas coisas; éramos crianças soltas no playground absorvendo a cultura alheia e compartilhando curiosidades. Aos catorze anos, eu sabia tudo sobre o movimento separatista do País Basco por causa da Lucía, minha amigona fã de *Lost*. Ela também me ensinou a falar "borboleta" em euskara. Tinha a Yolanda da Coreia e a Sherry dos Estados Unidos. A gente comemorava todos os feriados, arriscava todos os idiomas e vivia em um fuso horário muito louco. Como os meninos perdidos de Peter Pan, éramos nossa própria pátria e criávamos nossas próprias tradições. E não somos exceção. Culpe a pós-modernidade, culpe a globalização. A identidade cultural de todo mundo anda um tanto fragmentada.

Embora meus pais aceitassem essa ovelhinha desgarrada, acho que decepcionei bastante meus avós. Minhas famílias paterna e materna vieram exatamente do mesmo lugar: Galícia, lá no norte da Espanha. Papai e mamãe foram a primeira geração a nascer no Brasil e se conheceram por uma dessas coincidências loucas da vida. Seus respectivos familiares eram quase vizinhos em outro continente! Resumindo: tem mais Espanha do que hemácia no meu sangue. As casas das minhas avós eram decoradas com mapas, lenços, castanholas e bonequinhos de touro. Eu aprendi a jogar dominó dizendo "uno" e "blanco". Precisava catar pacientemente todos os frutos do mar da paella porque era uma criança enjoada. Canto "La barca" direitinho até hoje. Mas apesar de tudo isso, a herança espanhola não era parte da minha identidade. Era só algo que existia; pedaço de um passado que não era o meu. Nunca gostei da língua, nunca gostei da música, nunca quis dançar flamenco. A minha família sempre se agarrou a algo que eu rejeitava.

Só que aí minha avó morreu. E, de repente, todos aqueles lencinhos e quadros e castanholas ganharam novo significado. Se um pouco dela estava neles e eu a amava, também não deveria amar tudo aquilo? Comecei a ler sobre a Espanha à procura de qualquer coisa que me tocasse e arrebatasse meu coraçãozinho globalizado. Nada. Não adianta forçar. Foi só quando finalmente me resignei e aceitei minha total indiferença à ancestralidade que tive um estalo: a Galícia não é muito parecida com o resto da Espanha. Por que eles têm uma língua própria? Por que meu avô toca gaita de foles? As histórias deles sempre tinham como cenário um povoado pequeno, caracterizado pela pesca e habitado pelas mesmas famílias; ninguém falava de touradas e coisas do gênero. Aí eu descobri que antes da chegada do Império Romano, ao norte do rio Douro, a ocupação era celta. O pedacinho de terra da minha família era tão diferente do que eu entendia como Espanha por sua própria herança cultural singular. Até hoje, a Galícia é cheia de trísceles espalhados por cada cantinho, ruínas de castros e um forte misticismo que permeia as práticas cotidianas. Fogueiras são acesas para celebrar o solstício de verão e a queimada é servida para espantar os espíritos ruins. Eu lembro da queimada; no quarto da minha tia ficava um quadro com os dizeres e o caldeirão, duas coisas que sempre me encantaram e eu não imaginei que estivessem relacionadas às minhas origens. Nunca pensei que minha família tão católica teria vindo de um lugar cheio de práticas pagãs disfarçadas. Conhecer esse outro lado de algo que parecia tão familiar me ajudou a entrar em contato com coisas incríveis pelas quais eu já nutria admiração.

A questão é: ancestralidade não é prisão e também não é poção mágica. A sensação de pertencimento não vai brotar automaticamente no seu coração quando você entrar em contato com sua herança cultural. Talvez um dia você descubra que não dá a mínima importância para o sangue e resolva viver de presente e futuro. Não há nada de errado nisso, afinal, ancestralidade é uma bagagem que não pedimos e não escolhemos. Mas é nossa, de qualquer forma. Então, sem pressão, encare isso como uma forma de descobrir mais sobre pessoas queridas e coisas que eram importantes para elas. Quem sabe no meio de tudo isso você não encontra um pouco de si? ★

PERGUNTE AOS SEUS PAIS E AVÓS UM POUCO MAIS SOBRE A HISTÓRIA DA SUA FAMÍLIA. REGISTRE TUDO O QUE DESCOBRIR NOS GALHOS DA ÁRVORE.

ESPAÇOS SEGUROS
PARA COMPARTILHAR

SENTA QUE É HORA DE CONVERSAR: ESPAÇOS SEGUROS, ATITUDES SEGURAS

GABRIELA SAKATA
ilustração HANNA SEABRA

A maioria das meninas é ensinada, desde pequena, a guardar para si seus problemas e questionamentos pessoais. Somos silenciadas pelo medo de compartilhar experiências, dúvidas e traumas. A ideia de sentar com nossos pais, ou até mesmo com amigos mais próximos, e despejar sentimentos tão reprimidos pode ser assustadora para muitas de nós.

Nossa cultura nos ensinou que agindo assim não atrapalhamos, não nos expomos, não nos ferimos... Mas isso não é verdade. Guardar sentimentos e memórias fortes, significativas para nossa personalidade, só agrava todas essas úlceras que cultivamos dentro de nós.

Por isso é importante tentarmos criar espaços seguros para além de coletivos e grupos organizados com essa finalidade específica.

ESPAÇOS SEGUROS

Encontrar um espaço seguro para compartilhar nossas angústias é essencial para sobrevivermos sãs nesse mundo avoado em que vivemos. Quando você sabe que não será julgada por suas dúvidas e problemas, a conversa fica mais fácil.

É importante esclarecer que os espaços seguros vão para além de um cômodo fechado por quatro paredes. Eles abrangem um ambiente onde atitudes agressivas não são aceitas, um ambiente acolhedor, de apoio, frequentado por pessoas que tomam atitudes seguras.

Se você se sente insegura e tem vergonha de criar um espaço próprio para isso, procure amparo em grupos específicos, como coletivos feministas, por exemplo. Os coletivos costumam ser espaços muito empoderadores e acolhedores.

EMPODERAMENTO

Aprender a falar com os outros sobre as nossas inquietações, principalmente em relação às opressões constantes que sofremos, é um exercício diário do nosso processo de empoderamento (saiba mais sobre isso na p. 117). Existem muitos assuntos que são considerados tabus, mas que poderiam muito bem ser compartilhados e debatidos abertamente, porém somos silenciadas e infernizadas quando resolvemos trazer isso para fora do ambiente secreto e íntimo de cada uma.

Devíamos poder falar livremente sobre tudo o que somos ensinadas a esconder: nossas inquietações sobre sexo, drogas, menstruação e muitos outros assuntos que deixamos de falar com pessoas próximas por pura pressão das convenções sociais.

ATITUDES SEGURAS

A partir do nosso próprio empoderamento, passamos a questionar a segurança dos espaços que frequentamos. Acho que a conclusão mais rápida a se chegar é que nenhum espaço é totalmente seguro, mas nossas ações podem ser.

Quanto mais empoderadas nos tornamos, nossas atitudes passam a refletir a necessidade de um espaço seguro. Você começa a levantar a voz, a se posicionar, a questionar, a tirar dúvidas, a exigir esclarecimentos em todas as situações, mesmo quando não está com aqueles que compõem seus espaços seguros. Isso é tomar atitudes seguras.

Mas não acontece da noite para o dia. O silenciamento que nos foi ensinado às vezes está muito mais encarnado do que pensamos. Para isso, vamos começar do começo, sugerindo como estabelecer esse espaço seguro para além dos coletivos e mobilizações organizadas.

CRIANDO UM ESPAÇO

Como você vai criar esse espaço está muito ligado ao tipo de pessoa com quem vai conversar. Considerando a sociedade em que vivemos, muito provavelmente você não fala com seus pais com a mesma abertura com que conversa com seus amigos. Mas, apesar dessas particularidades, é possível sugerir dicas de como lidar com o desenvolvimento e crescimento desses espaços.

O segredo para que esses espaços existam e funcionem é você se sentir segura, ou pelo menos estar aberta a escutar e pensar. E isso também vale para quem vai compartilhar esse espaço com você: não adianta estar disposta a ouvir, considerar, empoderar-se, se isso não faz sentido para as outras pessoas.

Um espaço seguro é uma via de mão dupla, e abrir-se em um local não seguro pode ser prejudicial: não só para quem não quer ouvir e compreender, mas também para você que vai se sentir mais perdida e mais sozinha, quando, na verdade, você só precisa achar outro espaço repleto de atitudes seguras.

É bom começar com um espaço físico (ou virtual) que seja aconchegante, não cheio de barulhos e distrações. Também é um problema a quantidade de pessoas: às vezes a gente se sente censurado pela vergonha e acaba ficando em silêncio, por isso faça um encontro pequeno, acolhedor. De qualquer forma, tudo tem seu tempo: não pressione quem não quer falar. Espere, escute, e com o tempo tudo vai tomando forma.

SENTA QUE AÍ VÊM AS DICAS

Formular uma lista passo a passo de como conversar com os pais e amigos sobre o que não conseguimos falar para ninguém é muito difícil, porque cada situação é diferente da outra. Mas sei que esse é um problema para muitas meninas que, assim como eu quando mais nova, não sabem por onde começar. Então aqui vão algumas das dicas:

1. *É normal sentir medo, mas não o deixe te silenciar. Não posso te dizer como os outros vão reagir, mas é sempre melhor não ter medo de falar, de se abrir e, quando necessário, escutar. Se seus pais não estiverem tão abertos, procure outros membros da família, talvez alguém com a idade mais parecida com a sua, ou mesmo amigos próximos.*

2. *Não deixe que as estruturas de poder te silenciem. É muito fácil uma conversa com os pais ou com amigas mais experientes cair na falácia de um espaço seguro. As relações de poder também estão na escola e em casa, e não precisamos nos submeter a elas. Não é porque uma pessoa é liberal que vai estar disposta e aberta a conversar de igual para igual com você — e às vezes não adianta forçar.*

3. *Todas devem se sentir seguras. Não só você, mas todas as pessoas que dividem esse espaço contigo.*

4. *Não se obrigue a discutir com quem não quer escutar. Você não é obrigada a aceitar comentários ou a responder tudo que te apontam. Primeiro se sinta segura, para depois levar seu empoderamento para os espaços que, para você, ainda não são seguros.*

A batalha para construir espaços mais seguros e acolhedores está longe de acabar, mas não é por isso que vamos nos desmobilizar, certo? Trazer assuntos como drogas, relacionamentos abusivos, sexo, depressão, medos profundos e dúvidas constantes para sua família e amigos pode ser uma grande desventura, mas ao mesmo tempo muito libertador. Adolescentes são — e devem se reconhecer como — mulheres extremamente poderosas e corajosas que têm sim a capacidade de mudar o jeito que as meninas são ensinadas a se colocar na sociedade. ★

PENSE NO QUE TERIA NO SEU ESPAÇO SEGURO — DESDE COISAS CONCRETAS (COBERTOR, CHOCOLATE QUENTE) ATÉ COISAS ABSTRATAS (RESPEITO, CONFIANÇA) E COLOQUE TUDO AQUI.

AGORA QUE ESTE LIVRO É UM ESPAÇO SEGURO PARA VOCÊ, USE ESTA PÁGINA PARA ESCREVER SOBRE UM TEMA QUE VOCÊ NÃO TEM CORAGEM DE CONVERSAR COM MAIS NINGUÉM. DEPOIS, QUE TAL TROCAR COM A SUA MELHOR AMIGA PARA VOCÊS COMEÇAREM A CONVERSAR SOBRE ISSO?

VOCÊ TAMBÉM PODE SER UM CARA RICO, BRANCO E CIS
PERGUNTE-ME COMO

MERITOCRACIA, PRIVILÉGIOS, DINHEIRO E PODER

NATÁLIA LOBO E BÁRBARA REIS
ilustração MAZÔ

MERITOCRACIA E PRIVILÉGIOS

Eu poderia falar sobre meritocracia e sobre privilégios em dois textos separados, como assuntos independentes. Cada um deles dá muito pano pra manga e são muito interessantes de se debater. Mas uma coisa tem tanto a ver com a outra que não posso deixar de estabelecer a relação entre elas. São tão dependentes que posso até dizer que não precisaríamos criticar a meritocracia se privilégios não existissem.

A meritocracia é uma forma de organizar as posições hierárquicas que as pessoas ocupam (em empresas, em escolas, em governos...) conforme o mérito que elas possuem para ocupar esses lugares. Portanto, segundo essa forma de organização, as pessoas mais esforçadas e que produzem melhor determinada coisa (seja essa coisa um bem material, conhecimento, notas em uma prova etc.) são mais dignas de ocupar altas posições do que aquelas que não se esforçaram tanto.

Tudo muito bem, tudo muito bom, mas a coisa não é tão simples assim, e é aqui que entram os privilégios.

Vamos imaginar que a vida seja uma escada. Quanto mais degraus você subir, mais próximo à concepção que a sociedade tem de sucesso você vai estar. Subir essa escada metafórica e pegar a bandeirinha de vencedor é muito simples para quem não tem mobilidade reduzida. Agora, para a pessoa que tem uma deficiência física que afeta sua locomoção, a tarefa é impossível. Como, então, falar sobre vencer por mérito, se um competidor tem privilégios em relação ao outro?

E isso não se aplica somente às pessoas que têm limitações físicas para realizar certas tarefas. Por exemplo, um garoto negro e pobre, que vem de uma família que nunca pisou em uma universidade, que muitas vezes vai com fome para a escola, onde o ensino por sinal é péssimo. Ou pior: um garoto que nem pode ir à escola porque precisa trabalhar para garantir que a família tenha comida na mesa. Como dizer que esses dois garotos têm as mesmas chances de entrar na universidade que um menino branco e rico, com pais que têm salários ótimos, que frequentou colégios particulares (com infraestrutura, com professores bons, com material didático completo, com plantão de dúvidas) e que sempre pôde se dedicar somente aos estudos? Trata-se de pessoas que tiveram condições materiais de vida totalmente diferentes. O último garoto teve muito mais tempo e suporte para conseguir entrar na universidade do que os outros.

Uma forma de minimizar esse problema, enquanto essas pessoas ainda não têm condições de vida realmente dignas, é implementando as cotas, tanto raciais quanto sociais. Mas, além de isso aumentar pouco a presença desses grupos sociais na universidade (mantendo uma proporção de brancos/ negros e de ricos/ pobres dentro da universidade ainda muito diferente da proporção real na sociedade brasileira) e de nem todas universidades aderirem a esse sistema, ainda tem muita gente que insiste em dizer que cotista é burro, preguiçoso, e que bastava mais força de vontade para conseguir entrar na universidade sem o sistema de cotas.

Esse discurso de basta-se-esforçar recai também sobre as mulheres, por exemplo, quando elas não conseguem alcançar cargos altos no mercado de trabalho quando, na realidade, isso acontece porque muitas vezes as mulheres são impedidas (sim, oficialmente impedidas) de ocupar posições de liderança, supostamente porque não têm "pulso firme" o bastante para segurar a barra. A gente sabe que isso é só machismo disfarçado, mas ainda tem gente que reproduz esse comportamento. Mulheres cisgêneras também deixam de ser contratadas porque, caso engravidem, a licença maternidade, apesar de curta, causa "prejuízo" para a empresa. Isso sem falar no preconceito sofrido por mulheres que trabalham em áreas tradicionalmente ocupadas por homens (como setores das exatas, policiais, motoristas). Elas muitas vezes deixam de ser contratadas simplesmente porque são mulheres, sem que suas habilidades sequer sejam avaliadas. Ou nem chegam a poder participar do processo seletivo, porque este é fechado somente para homens, mesmo que a atividade em questão não exija nada que um homem tenha e uma mulher não.

Isso se aplica a outros diversos grupos oprimidos, e é reforçado dia e noite por quem fala que "não basta dar o peixe, tem que ensinar a pescar" e que "quem acredita sempre alcança". Mas como dizer que basta as pessoas se esforçarem para conseguir algo quando elas não conseguiriam nem que dessem o sangue para atingir esse objetivo, uma vez que alguém mais privilegiado que elas sempre será considerado mais apto para ocupar o cargo? Como esperar que as pessoas cheguem ao mesmo lugar ao mesmo tempo, se elas saem de origens e passam por caminhos totalmente diferentes?

Em um mundo onde na prática todos tivessem os mesmos direitos civis, onde opressões não existissem, onde cada ser humano tivesse todas as condições para desenvolver suas potencialidades ao máximo, esse discurso poderia fazer sentido. Por enquanto, é só desculpa para perpetuar os estigmas preconceituosos que esses grupos oprimidos já carregam aos montes.

QUANTO MAIS *dinheiro* VOCÊ TEM, MAIS *oportunidades* SE ABREM PARA VOCÊ

PODER E DINHEIRO

Quando Oprah Winfrey perguntou para J.K. Rowling em uma entrevista se ela realmente acreditava em magia, a resposta foi não. Ou, pelo menos, não do jeito que ela havia descrito em *Harry Potter*. Mas — ela completou —, no mundo real, a coisa que mais se aproximava de mágica ou de um superpoder era o dinheiro. Ou seja: quando o assunto é privilégio, talvez ter dinheiro seja um dos maiores.

A ideia não é exatamente nova — super-heróis como o Homem de Ferro e o Batman, cujas identidades "reais" são de empresários ricos que usaram seu dinheiro para "empoderar" seu alter ego, são bons exemplos disso — mas não deixa de ser relevante: afinal, em uma sociedade capitalista, ter dinheiro é uma das coisas que te torna mais poderoso. Talvez você nunca consiga ter a sobreforça do semideus Thor, mas pode desenvolver uma tecnologia com o mesmo efeito, por exemplo.

A verdade é que quanto mais dinheiro você tem, mais oportunidades se abrem para você. Desde coisas supostamente básicas, como saúde e educação — um semestre em uma das universidades americanas da Ivy League, tais como Harvard e Yale, sai por volta de 20 mil dólares, e, geralmente, aqueles que conseguem entrar pagaram por escolas preparatórias tão caras quanto —, até coisas como fama e influência. Em um mundo onde dinheiro é poder, aqueles com menos se subordinam àqueles com mais. Quantas pessoas só possuem um cargo de prestígio/ são famosas/ ganham destaque simplesmente por serem ricas? E, uma vez que se é rico, quais são os limites para aquilo que você deseja fazer?

O dinheiro pode não comprar absolutamente tudo, mas certamente te garante MUITA coisa. Naquela mesma entrevista que eu mencionei no começo, J.K. Rowling comenta que, como alguém que foi realmente pobre por alguns anos, a melhor coisa que o dinheiro pode providenciar é segurança. Antes de qualquer luxo, antes de qualquer ambição. A segurança de ter um teto para morar, de saber que irá se alimentar bem todos os dias, e que, caso adoeça, terá acesso a cuidado médico de qualidade. Coisas de extrema importância que o dinheiro compra, sim, e que já te fazem muito mais poderoso e privilegiado do que muita gente.

Mas, como nós sabemos, privilégios vêm em camadas. E por mais que o dinheiro seja uma das mais relevantes, é preciso ressaltar que, mesmo quando se é beneficiado por ele, ainda existem barreiras adicionais. Basta observar a lista da *Forbes* de bilionários mundiais para perceber que existe um perfil um tanto definido daqueles que estão verdadeiramente no topo: homens brancos. Entre os cem primeiros, existem dez mulheres (nenhuma delas negra, aliás). Uma pesquisa de 2012 feita nos Estados Unidos pela Bloomberg evidenciou que o salário de mulheres no cargo de CEO (ou seja, diretora executiva de uma empresa) é, em média, 18% inferior ao dos homens que ocupam o mesmo posto e apenas 5% das principais companhias mundiais empregam mulheres para o cargo.

Até mesmo quando se trata de conseguir educação superior as barreiras de gênero são um passado nada distante. Mulheres só tiveram permissão de frequentar a Universidade de Oxford de forma limitada — suas aulas eram administradas apenas por alguns professores e separadamente — a partir de 1875 (quando a universidade já estava prestes a completar oitocentos anos), mas a permissão para conseguir um diploma e/ou se tornar parte do corpo docente só veio em 1920. Até 1957, a universidade estabelecia que o número de mulheres não poderia ultrapassar um quarto do número de homens.

O dinheiro, apesar de ser uma ferramenta essencial para a ascensão social, não traz liberdades enquanto houver barreiras de gênero, etnia e até mesmo localização geográfica — afinal, o homem branco europeu ou norte-americano se consolidou como principal detentor de privilégios através de séculos de subjugação feminina e exploração de outros países e culturas. Para que possamos fazer uma análise completa de como e por que um grupo seleto de pessoas geralmente "chega mais longe" do que todas as outras, não podemos ignorar nenhuma dessas relações de poder. ★

ABRA SUAS ASAS, SOLTE SUAS FERAS: *GIRL BANDS* E EMPODERAMENTO FEMININO

JULIA OLIVEIRA
ilustração DUDS SALDANHA

A sociedade inteira está empacada em ideias péssimas sobre as mulheres há muito, muito tempo. São séculos ganhando balinha de iogurte enquanto os homens enchem o bucho de *macaron*. E quem irá nos ajudar a superar tudo isso para que a balança se equilibre e o mundo seja justo e nossa vida, cheia de glitter? Não o príncipe encantado. E, definitivamente, não o Super-Homem. Amiga, quem vai te salvar são suas manas.

Assim, na real, te salvar ninguém vai. Mas as manas vão lutar junto pra que as coisas mudem pro nosso lado, porque elas também passam pelos mesmos buracos. Estamos no mesmo barco, e se o barco afunda vamos todas pro oceano abissal juntas. Por isso é fundamental que a gente tenha um espírito de empatia e irmandade umas com as outras. Esse espírito mais bonito que o de Natal se chama sororidade.

Só quem é mulher sabe como é ser mulher. Só a gente saca como é brilhar e ser chamada de exibida, como é ser decidida e acabar taxada de mandona, como é fazer alguma coisa bem e ouvir que você "faz que nem macho". Ou seja: não importa o que façamos, aparentemente estamos fazendo tudo errado. Passamos a nos sentir inadequadas, inseguras e incapazes, o que obviamente é um desserviço para a nossa cabecinha e autoestima. Inclusive, muita mina perde a esperança de ser escalada para o papel principal e passa a se contentar com a fantasia de árvore de cenário. Mas nós não podemos deixar isso acontecer! Há um mundo inteiro para ser desfrutado! Como ajudar nossas amigas?

É aí que eu lhes apresento um estimulante melhor que Biotônico Fontoura: empoderamento feminino. Empoderamento é a descoberta do poder em nós mesmas. Isso é importante demais, porque dá força para superar essa noia histórica de que somos menos que os homens e de que eles têm algum poder sobre nós. Empoderadas, fazemos o que antes parecia impensável: conquistamos espaço, voz e identidade todinhos nossos. Digo tudo no plural porque essa luta não é só pro nosso lindo umbigo, né? Mantenha a sororidade nessa mente aí! Empoderamento deve ser um processo coletivo, uma ajudando a outra, feito aquelas correntes de bonequinhas de papel, sabe?

Além das nossas manas, também funciona encontrar inspiração em fontes paralelas. Nesse ramo, o que costuma ser infalível é a música. Todo mundo tem aquele som que deixa com vontade de pisar mais duro no chão, pronta pra enfrentar qualquer craca que vier pela frente. E, dentro da música, tem um nicho que vale a pena dar uma olhada com a lupa quando o assunto é empoderamento feminino: as *girl bands* — ou, sendo menos pedante, bandas de meninas.

Independente do conteúdo das letras, *girl bands* são o combo perfeito entre empoderamento e sororidade. Empoderamento porque são mulheres representando a nossa própria voz, metendo a mão na massa e brilhando mais que lantejoula, o que dá um estalo na nossa cabeça de "ei, podia ser eu lá!". Sororidade porque a simples união de mulheres em um mundo em que somos constantemente colocadas para competir umas com as outras já é muito significativa. Sem brigas pra ser a mais gatinha, sem recalque, sem rolar no chão por causa de homem, só igualdade e unidade em torno da música.

MUITA MINA PERDE A ESPERANÇA DE SER *escalada para o papel principal* E PASSA A SE CONTENTAR COM A FANTASIA *de árvore de cenário*

Cada estilo musical brilha com luz própria, trabalhando essas questões de formas diferentes.

O punk feminista, por exemplo, é um subgênero do rock que começou nos Estados Unidos na década de 1990, com bandas como Bikini Kill e Bratmobile. Escancaradamente ligadas ao feminismo e ao movimento riot grrrl, suas letras combativas representam o grito entalado na garganta de toda mulher. Levando em consideração que as mulheres vivem sendo silenciadas, que sua voz parece ser sempre a do backing vocal, o grito é uma imagem muito potente, é a resposta de quem quer se fazer ouvida.

Tudo fica ainda mais subversivo e incrível quando pensamos que o rock é dominado por estereótipos masculinos: guitarras pesadonas, performances violentas e berros a granel geralmente são esperados de machões barbudos com jaqueta de couro e pano amarrado no crânio. Quando você vê meninas fazendo o que só homens costumam fazer o efeito é insanamente enérgico. Tipo um Red Bull que te deixa pilhada de feminismo e pronta pra chutar a bunda do patriarcado.

No Brasil, quem trouxe primeiro os grunhidos rebeldes das minas foi a banda Dominatrix, que continua ativa até hoje. Dá pra perceber a vibe das músicas já em alguns títulos, como "Meu corpo é meu" e "Filhas, mães e irmãs". A novíssima Anti-Corpos, que se define como "banda de hardcore lésbico-feminista", também não decepciona nas letras engajadas:

> *Com as vivências e companheirismo é possível uma série de reconstruções*
> *Repensar todas as formas que nós mulheres temos de nos amar*
> "Sororidade" — Anti-Corpos

O grito É UMA IMAGEM MUITO POTENTE, É A RESPOSTA DE QUEM QUER *ser ouvida*

Na mesma pegada do "curto e grosso" tem também o funk carioca. Assuntos como sexualidade, desejo, direito ao corpo e respostas à violência doméstica, tabus que teoricamente não devem ser assunto de menina-moça-flor-de-laranjeira que se preze, brotam espontaneamente. Isso é fenomenal porque prova que o feminismo, mesmo que não seja identificado com esse nome, é necessário, e que ele é como uma defesa natural contra o machismo que tenta nos colocar pra baixo.

Valesca Popozuda, ex-integrante do grupo de funk Gaiola das Popozudas, conta que no começo a maioria do seu público era masculino. As mulheres odiavam o show e até a chamavam de piranha por causa das roupas curtas e das coreografias sensuais. Mas, nas palavras da diva funkeira, "aos poucos elas foram começando a curtir e vendo que o que eu estava cantando poderia ser a história de qualquer uma. Que ninguém tem que ser julgado pelo jeito que exerce sua sexualidade".

Tantas moças se identificaram com essa marra do funk que algumas delas criaram uma nova vertente para o gênero, mais explicitamente feminista e menos ligada às origens do funk. É tipo um riot grrrl versão batidão, também com letras e línguas pontiagudas no microfone:

> *Se empodera! Não dê trégua!*
> *Chamei ela pro 8 de março e ela respondeu assim:*
> *Eu vou! Por nós, pelas outras, por mim!*
> "Se empodera" — PaguFunk

O pop também tem surpreendido no quesito malemolência feminista. Desde 2014, quando Beyoncé fez uma pose toda imponente no palco do

VMA, à frente de um telão imenso com a palavra FEMINIST ("feminista") em letras garrafais, ficou escancarada essa intenção do pop. É claro que, muito antes disso, tinha gente que já fazia música defendendo a igualdade de gêneros, e o pop sempre foi recheado de Xenas (lê-se: princesas guerreiras). Mas nunca foi assim, FE-MI-NIS-TA, com todas as letras.

Tem gente que diz que a maioria das artistas pop só quer saber de dinheiro e é controlada por um marketing muito do malandro e, por isso, não praticam um feminismo "de verdade". Mas, no fim do dia, o que realmente importa é que a mensagem chegue nas manas. Não importa se ela vem em lombo de pônei, via Sedex ou via Spice Girls, o essencial é que ela chegue, inspire e transforme a vida das meninas para melhor — o que tem acontecido!

A onda de poder quebrou na praia das *girl bands* também. Fifth Harmony, por exemplo, é um grupo americano formado por garotas das mais variadas origens (como cubana, africana e polinésia), o que por si só já é muito bacana, já que representatividade é empoderador demais! Mas elas vão além. O primeiro disco é entupido de versos pra tirar qualquer uma da concha, tipo "você é corajosa, você é honesta e você é linda!". Mas o destaque fica com "We Know", um furacão de sororidade mais ou menos assim: "eu não vou acreditar no que você disser dessa vez/ as migas me contaram como sua banda toca/ é, a gente sabe tudo sobre você". Aplausos, sério.

Outro hino da sororidade é "Girl", das saudosas Destiny's Child, que desmente aquela tosquice de que mulher nunca é amiga de verdade, ou "Mulher é tudo cobra!". O.k., fala com a mão da Kelly, da Michelle e da Beyoncé: "miga, você não precisa esconder/ não fica com vergonha de dizer que ele te fez mal/ eu sou sua miga, você é minha miga, nós somos migas/ cê tá ligada que a gente te ama".

A mistura de todas essas maravilhosidades musicais (e outras que, buá, não deu pra contemplar porque são mui-

OUTRAS *GIRL BANDS* QUE VOCÊ TEM QUE CONHECER:

2ne1
As Frenéticas
As Meninas
As Sublimes
Babes In Toyland
Dixie Chicks
Dum Dum Girls
En Vogue
HAIM
Heavens To Betsy
Hole
Icona Pop
Little Mix
Pussy Riot
Rouge
Runaways
Salt-N-Pepa
Sleater-Kinney
SNZ
Tegan and Sara
The Bangles
The Donnas
The Like
The Raincoats
The Shaggs
The Shirelles
The Supremes
The Veronicas
TLC
Warpaint

tas) é como açúcar, tempero e tudo que há de bom: faz nascer meninas superpoderosas. E, bem, seguindo essa lógica, o empoderamento e o amor entre as mulheres é o elemento X, peça-chave para a nossa metamorfose. Tiramos das *girl bands* lições de vida (ouso dizer) mais úteis que qualquer moral de fábula de Esopo: luta, resistência, sexualidade, amizade, amor próprio e, claro, poder e sororidade. E por isso fica o incentivo: faça você mesma sua própria banda! Andando de braços dados e passos sincronizados com nosso tênis plataforma, fechamos o corredor da escola e, pode apostar, ninguém mexe com a gente.

Porque sou guerreira
Passando por vários obstáculos
Com aliadas do lado
Não temos nada a temer
"Guerreira" — Pearls Negras

SE VOCÊ FOSSE CRIAR UMA *GIRL BAND*, QUAL SERIA O NOME? E AS OUTRAS INTEGRANTES? O TÍTULO E O REFRÃO DO PRIMEIRO HIT? COMO SERIA A CAPA DO PRIMEIRO ÁLBUM? E OS SHOWS DA TURNÊ?

9¾

PORQUE A INTERNET TAMBÉM É VIDA REAL

SOFIA SOTER
ilustrações HANNA SEABRA

Quando eu tinha uns onze ou doze anos, participava de um fórum de RPG de Harry Potter. Todo dia, em algum momento depois do colégio, entrava no site, adotava minha persona fictícia da escola de bruxaria e escrevia histórias, interagindo com outros que faziam o mesmo. Nessa época, fiz amigos, pessoas com quem tenho contato até hoje. Depois de um tempo, passei para outra variedade de redes sociais e interações on-line: comentários em blogs que lia, Livejournal, Tumblr, comunidades no Orkut e grupos no Facebook. Fiz amigos em todas essas esferas — inclusive várias das garotas que hoje participam da *Capitolina*. Na verdade, as que não conheci antes da revista por esses ou outros caminhos viraram minhas amigas também por interação totalmente on-line.

Comunidades on-line podem ser acolhedoras, e me ajudaram a desenvolver e descobrir muitos aspectos da minha personalidade. Do RPG de Harry Potter às fanfics no Livejournal, passando pelos sei-lá-quantos-blogs que fiz ao longo dos anos, fui desenvolvendo minha escrita; no Tumblr e em outras redes sociais aprendi muito sobre outras realidades, outras pessoas, e refleti demais sobre minha visão de mundo e sobre a

CRIAR COMUNIDADES ON-LINE PODE SER *enriquecedor da mesma forma que* CRIAR COMUNIDADES "NA VIDA REAL"

minha própria realidade; em certos grupos no Facebook, encontrei apoio incondicional em momentos difíceis.

Uma parte fundamental da minha participação on-line foi em fandoms, isto é, grupos de fãs. Nunca (que eu me lembre) em fã-clubes oficiais, mas em fóruns, reblogando e comentando coisas sobre filmes/ livros/ séries/ celebridades favoritos no Tumblr, lendo e escrevendo fanfics no Livejournal, ouvindo e fazendo fanmixes no 8tracks. Para quem não conhece o conceito de fanworks (ou seja, "trabalhos de fãs"), são criações artísticas inspiradas em filmes e livros admirados — por criações artísticas leiam-se criações de texto (fanfic), de artes visuais (fanart), de playlists (fanmix), de vídeo (fanvid) e por aí vai.

Fandoms desse tipo, cheios de fanworks e que se organizam em redes sociais on-line, têm uma reputação bastante negativa em muitos cantos da internet, especialmente porque são compostos principalmente de garotas, sobretudo garotas adolescentes. Porque, afinal, pra muita gente as garotas adolescentes que passam a tarde especulando sobre a vida pessoal dos membros do One Direction são superdiferentes dos homens adultos que passam o tempo livre inteiro discutindo possibilidades teóricas e imaginárias sobre resultados de jogos de futebol que ainda não aconteceram. Óbvio que existem coisas que devem ser questionadas, como em qualquer grupo ou comunidade — por exemplo, muitos fãs aproveitam a proximidade dos objetos da paixão proporcionada pela internet e fazem o que no fandom se chama "quebrar a quarta parede", entrando em contato com os objetos da paixão de forma desrespeitosa, insistindo nas próprias especulações e teorias sobre a vida muito real daquelas pessoas —, mas a maior parte da interação nos fandoms é produtiva, acolhedora e fundamental para muitas garotas.

O tempo que passei lendo sobre um caso entre Kirk e Spock de Star Trek foi importante para entrar em contato com várias questões relativas às minhas próprias emoções e às minhas próprias preferências românticas/ afetivas/ sexuais; o tempo que passei escrevendo sobre a Blair Waldorf e a Serena van der Woodsen de *Gossip Girl* como assassinas profissionais me ajudou a ter ideias para outras coisas que queria escrever, a desenvolver técnicas, a experimentar com meu texto; o tempo que passei fazendo uma playlist para a Rory Gilmore me ajudou a reencontrar certas músicas, a retomar meu contato com experiências emocionais que eu mesma tive, e até hoje ouço muito essa playlist para me reconfortar em certos momentos; o tempo que passei batendo papo em caps lock e exclamações com pessoas na internet sobre Arctic Monkeys, Taylor Swift e quadrinhos da Marvel me proporcionou amigas maravilhosas (muitas das quais, como já disse, participam da revista).

Tudo isso pra dizer que interações na internet são tão reais e relevantes quanto interações fora dela. Criar comunidades on-line pode ser enriquecedor da mesma forma que criar comunidades “na vida real” (entre aspas porque, apesar de normalmente fazermos a distinção assim, como dá pra ver por tudo que eu falei antes a internet é claramente parte da nossa “vida real” também), e socializar pela internet pode ser necessário para quem, por exemplo, vive em um ambiente social onde não se sente acolhida. Sou enfaticamente a favor de aproveitarmos essa tecnologia maravilhosa que é a internet (sério, para agora e pensa por um instante sobre a internet e como ela conecta milhões de pessoas e vê se você não se emociona? Não? Só eu?) para criarmos laços, encontrarmos pessoas e encontrarmos nós mesmas. Afinal, é para isso que servem comunidades. ★

DOSSIÊ DA FÃ QUAIS MÚSICAS TE FAZEM LEMBRAR DO SEU LIVRO, FILME OU SERIADO FAVORITO? CRIE UMA FANMIX!

1 ....

2 ....

3 ....

4 ....

5 ....

6 ....

O QUE VOCÊ GOSTARIA QUE TIVESSE ACONTECIDO COM SEUS PERSONAGENS FAVORITOS MAS NÃO ACONTECEU? OU O QUE VOCÊ IMAGINA QUE ACONTECERIA COM ELES EM OUTRAS SITUAÇÕES? ELABORE O ROTEIRO DE UMA FANFIC.

CHEGOU A HORA DE HOMENAGEAR SEUS ÍDOLOS USANDO SEUS DOTES ARTÍSTICOS! CRIE UMA FANART AQUI.

PENSAR O MUNDO ALÉM DO 1BIGO

ISIS RIBEIRO E JADE CAVALHIERI
ilustração MARINA SADER

A edição #11 da *Capitolina*, que rolou em fevereiro de 2015, apresentou o tema "comunidade" e explorou os sentidos da palavra sob as mais diversas perspectivas. Conectando todas as pautas chegamos a um ponto central: o sentido de pertencer a todos, de ser coletivo. Se há um tema interessante que permeia esse negócio de comunidade, é a coletividade. Então você já deve ter sacado o que isso tem a ver com umbigo, certo?

O ser humano é, biologicamente falando, um ser coletivo. Isso significa que nós precisamos uns dos outros para sobreviver e pensar, criar, evoluir, enfim, se desenvolver. No entanto, sabemos que esse aspecto "natural" não está em harmonia com o aspecto social. Ou seja, nós vivemos rodeados de gente, mas não pensamos como um coletivo. Nossas comunidades estão fundamentadas no mito da liberdade individual, e acreditar nisso dentro de uma sociedade cheia de desigualdades é consentir que os mais fortes se apossem e desfrutem dos direitos dos mais fracos, tirando sua liberdade.

Alguns irão elaborar mil teorias pra justificar isso, vão dizer que o ser humano é guiado por interesses próprios ou que já nasce com uma predisposição maior ao egoísmo. Preferimos acreditar que somos frutos de um processinho chamado "socialização". Por exemplo, nós, mulheres, aprendemos que não devemos ocupar determinados lugares, que competimos entre nós mesmas e que temos que seguir alguns muitos padrões e modelos para sermos aceitas: isso é um pouquinho da socialização feminina. São tradições cultivadas, na maioria das vezes, inconscientemente e passadas adiante até mesmo nos atos mais ingênuos. Da mesma forma, muitos outros comportamentos e valores são naturalizados e internalizados na sociedade, e um dos mais destrutivos deles é o individualismo.

O individualismo começa quando, dentro dos nossos pequenos círculos, somos ensinados a nos importar apenas com as nossas próprias demandas e a desconfiar das pessoas, quando acreditamos naquelas ideias meritocratas de "é só estudar que passa" e que "o segredo pra ser bem-sucedido é acordar cedo". Isso faz com que não tenhamos empatia, desconsideremos o contexto em que as minorias estão inseridas e tentemos tirar proveito de situações.

É nessa a hora que a gente pensa "eita, é verdade, até tenho amigos que são", mas dificilmente paramos pra analisar a forma como esses valores são reproduzidos incessantemente e até mesmo observar nossos próprios umbiguismos.

Se a cultura da liberdade individual é nociva numa esfera menor, imagina em larga escala? É sob a defesa da liberdade individual que o ser humano explora a natureza e as pessoas mais pobres ininterruptamente, e é assim que os mais ricos constroem seus impérios.

"Tá, mas... sempre foi assim, como mudar agora?"

Podemos começar dentro de nossas próprias casas, não deixando as tarefas acumularem nem largando para as outras pessoas algo que você pode fazer agora. Entender que cuidar da casa não é só *ajudar*, pois não é obrigação de uma única pessoa (geralmente, a mãe ou outras mulheres), já que todos compartilham o mesmo espaço. É importante conversar e criar acordos com as pessoas com as quais você convive, entendendo as necessidades e as dificuldade de cada um.

Vivenciar a coletividade é trabalhoso porque implica estabelecer relações de confiança nos nossos círculos de convivência, promover e incentivar a solidariedade, firmar-se e agir contra injustiças e principalmente entender que o bem de todos é mais importante do que o "direito" de um de ter uma roupa cara e um celular top. Isso não quer dizer que a gente vai abrir mão da nossa individualidade, mas que a expressão de todas as individualidades deve coexistir pacificamente, livre e com as condições necessárias para desenvolver suas potencialidades.

Além disso, nem sempre foi assim. Em alguns lugares ainda não é — e esperamos que não seja nunca. Organizações tribais em todo o mundo, que muita gente gosta de chamar de "primitivas" (nós é que somos civilizados, né? pff), baseiam-se em princípios muito coletivos, de divisão do trabalho, da caça e da colheita, sem distinção de classes sociais porque elas não existem, além de uma relação de respeito muito forte com a natureza.

Tais princípios tão profundos estão presentes até mesmo na linguagem dessas tribos, de forma indissociável de suas práticas. Para as línguas maias, por exemplo, não existe a noção de "eu", mas de "nosotros" (ou nós). Isso se reflete diretamente na forma como os povos indígenas de origem maia compreendem o mundo e se posicionam diante dele. Você também já deve ter ouvido por aí a palavra "ubuntu", certo? Até usaram-na pra nomear um sistema operacional. Então, ubuntu é um conceito existente em algumas línguas africanas (zulu e xhosa, que são línguas bantu), que significa — mais ou menos, porque noções não são traduzíveis — "sou o que sou graças ao que somos todos nós".

"Mas, mana, é muito difícil! É muita gente, é utopia!"

Realmente... Mas vamos lá! Somos mais de 7 bilhões de pessoas. Se continuarmos caminhando nesse sentido, faço ao bolão do fim do mundo uma aposta bem apocalíptica: pessoas muito ricas se matando por água e restos de comida contaminada, até enfim morrerem e sobrar apenas lixo radioativo. Bem, nada otimista, né? Mas não é tão impossível — e um grande pretexto pra começar a andar na contramão. Como a Clara já disse em outro texto (p. 22), a utopia é feita pra caminhar. Vamos caminhando! ★

O MITO DA GAROTA LINDA E LOUCA (NÃO CAIA NESSA)

TAÍS BRAVO
ilustração HANNA SEABRA

Quando uma mulher fala há uma subversão. Essa frase parece exagerada porque, afinal, muitas mulheres falam sobre diversos assuntos e ocupam altas posições de poder. Mas, com um pouco de atenção, percebemos que ainda é revolucionário uma mulher emitir opiniões sobre seus próprios sentimentos, valores e desejos. Um bom método para verificar isso é o teste de Bechdel — baseado em um quadrinho da cartunista Alison Bechdel — que avalia filmes a partir de dois parâmetros: 1) devem existir pelo menos duas mulheres nomeadas na trama, e 2) em algum momento essas mulheres devem conversar sobre algo que não seja um homem. A lista de obras que não passam nesse simples teste é enorme. O que nos mostra que a maioria das personagens femininas é criada a partir de um olhar masculino (mesmo que a obra nem seja de autoria de um homem).

A falta ou a má representatividade das mulheres na mídia é problemática porque nossas identidades são construídas a partir das imagens e possibilidades que o mundo nos apresenta. O que vemos em filmes, livros, revistas e programas de televisão exerce uma grande influência sobre nós. O que nós acreditamos ser bonito, correto ou agradável é, em geral, construído a partir dos valores que a mídia nos passa — valores machistas, racistas e heteronormativos. Por isso é importante exigirmos mais representatividade, além de procurarmos ver/ ouvir/ ler os grupos que são historicamente excluídos e silenciados.

Há muita coisa que pode e deve ser debatida sobre representatividade, mas meu tema neste texto tem um recorte bem específico: o mito da garota linda e louca (que também pode ser divertida, aventureira ou perigosa). Foi preciso dar toda essa volta para enfim declarar o óbvio: a maioria das personagens femininas não tem nada a ver com a realidade das mulheres. No entanto, muitas vezes nós teimamos em imitar a ficção sem entender o quanto algumas histórias são limitadoras.

Uma das narrativas mais recorrentes e sedutoras é o estereótipo da garota linda e louca que tem sido perpetuado por filmes e garotos idiotas há anos e já possui algumas variações:

1. A "FEMME FATALE": essa personagem é linda, louca e perigosa. Costuma ser muito insensível e destruir os corações dos pobres coitados que não resistem aos seus encantos.
2. A GAROTA AVENTUREIRA E DESEQUILIBRADA: ela é intensa e impulsiva. Seus namorados ficam perturbados com sua instabilidade, mas, no fim do filme, aprendem uma lição sobre a beleza efêmera da vida.
3. A GAROTA DOIDINHA, CRIATIVA E SONHADORA: essa personagem pode sofrer crises de ansiedade, doenças terminais ou qualquer problema terrível, mas nada abala seu humor. Ela enxerga a poesia das pequenas coisas, planeja viagens ou eventos com trilhas sonoras perfeitas e encanta a rotina entediante de seu par romântico.

Essas personagens, em suas diferenças, compartilham uma mesma idealização que reduz a realidade feminina a um único parâmetro: ser atraente. A personalidade dessas personagens é construída para que sejam criaturas misteriosas, interessantes ou adoráveis. Elas não são perfeitas, pelo contrário: são todas "problemáticas", mas seus problemas nunca são tratados como questões reais, são romantizados bem naquele estilo já batido de "complicada e perfeitinha". O que esse mito diz nas entrelinhas não tão sutis é: tudo bem você ter problemas, desde que você os tenha de um modo que entretenha um homem. Tudo que é considerado anormal nessas personagens serve para que seus pares românticos (que são sempre homens, já que vivemos em uma sociedade heteronormativa) vivam algo emocionante, tenham uma epifania ou uma história para contar. Mas o problema começa quando deixamos que essas obras de ficção influenciem nossas expectativas; quando um garoto — que não é fictício, mas uma pessoa real — diz: "eu curto mesmo as garotas que são perturbadas, mas também não precisa ser dessas que tomam remédios tarja preta, porque aí já é demais" (juro que essa é uma frase real).

O problema se torna insuportável quando nós, garotas, romantizamos nossas próprias existências tentando caber em determinados papéis. Eu já fiz isso. Eu pensava que, se alguém realmente soubesse como eu me sentia, nunca poderia me amar. Não achava que era possível alguém me querer inteira, então tentava transformar a parte que doía em acessórios. Quando não conseguia fugir de mim mesma, sentia que seria sempre dominada pela minha pior parte. Só pude começar a ser inteira quando entendi que não preciso ser uma mulher adorável e interessante, porque sou uma pessoa e posso ter falhas e limites psíquicos — que dizem respeito exclusivamente a mim e a mais ninguém.

Livros e filmes serão sempre recortes da realidade. Algumas páginas ou minutos não dão mesmo conta da nossa complexidade. Não é esse o problema. A ficção é uma coisa maravilhosa, mas pode ser extremamente nociva quando perpetua preconceitos e opressões. O mito da garota linda e louca contribui para que o papel das mulheres ainda seja o de "coisas atraentes". Quando tomamos esse parâmetro, somos obrigadas a silenciar qualquer sentimento ou opinião desagradável. Aquelas que se expõem inteiras, complexas, falhas e limitadas, como qualquer ser humano, não são admiráveis; pelo contrário, acabam caindo nos mais antigos rótulos: histérica, bruxa, frígida, monstro insensível e louca, no pior sentido. A loucura, afinal, só é considerada interessante quando serve às expectativas e desejos dos outros. Mas nós, que não somos personagens, escrevemos a nossa própria história. ★

A MENOR DISTÂNCIA ENTRE DOIS PONTOS

CAROLINA STARY
ilustração BIA QUADROS

O legal da internet é a interação. Eu posto, ela curte, eu sigo, ela comenta, eu reblogo. Fica fácil esquecer então que a internet não é ninguém, mas é todo mundo. Justo eu, que odeio todo mundo, adoro a internet.

Já pensei na internet (eu penso muito nela) como um meio de comunicação qualquer, mas descobri que na verdade ela é, de novo, todos eles. Não é também como se fosse um filtro ou uma outra versão da realidade, é mais um vértice. Ou, se nós assumirmos que a realidade é uma reta (por falta de polígono que baste), o real e o virtual são seus dois pontos distintos no plano. Dentro dessa menor distância possível cabe tanta dúvida...

Pra aumentar a confusão, estou escrevendo pro livro impresso de uma revista digital. No meio do caminho, chequei umas muitas vezes meu Facebook, e-mail e WhatsApp (mandei nudes pra pessoas com quem não transaria) e em algum lugar um post me perguntou "Como manter a sanidade na era das notificações?". Bom, o que não dá é pra ficar sem. Eu não sou corpo, cérebro, emoção e memória, sou esse conjunto somado às tecnologias não biológicas: os computadores, celulares, escrita, fé. "Somos ciborgues natos", segundo o filósofo Andy Clark. Já não sei escrever sem hyperlinks, isso aqui tá sendo uma tortura.

Arrisco responsabilizar a interatividade por esse desacerto. A maneira como nós produzimos e consumimos conteúdo mudou radicalmente: eu não só assisto a filmes, dos mais hollywoodianos aos mais alternativos, como teço uma crítica no IMDb, discuto a respeito no Reddit, alimento um canal no YouTube com minhas próprias produções, comento em canais emergentes como o meu (ou não), converso com o meu até então inacessível diretor predileto no Twitter.

As distâncias também variam: posso ter um relacionamento exclusivamente virtual ou passar a tarde grudada na tela do smartphone enquanto seguro a mão do meu par. Eu, que sempre me vi olhando tudo de longe, consigo hyperlinkar esses extremos e me sentir menos descolada da realidade. Na física relativista, a menor distância possível entre dois pontos é uma curva, não mais uma reta. Talvez seja isso: as verdades estão mudando.

Rebloguei no Tumblr que "inúmeras confusões e o sentimento profundo de desespero emergem invariavelmente em períodos de grandes transições tecnológicas e culturais". Sigo sem respostas, em desatino. ★

DESAFIO FIQUE UM DIA INTEIRO SEM ACESSO NENHUM À INTERNET — PRINCIPALMENTE O FACEBOOK. SERÁ QUE DÁ? ESCREVA AQUI COMO FOI.

UM CINEMA NOSSO

NATASHA FERLA
ilustração DORA LEROY

A boa experiência cinematográfica é aquela que te toca de alguma maneira. Ir ao cinema não precisa ser sempre risos, pode ser uma grande choradeira, um nervosismo sem fim e até uma raiva sem tamanho por odiar o filme. Ainda assim, é uma experiência completamente válida. O mesmo filme pode causar sensações diferentes em pessoas ou em grupos diversos. Essa é uma das magias da mídia. Mas vamos conversar sobre um nicho específico: o cinema voltado para o público adolescente. Por que, aparentemente, filmes cujas histórias representam a experiência masculina são lidos e vendidos como filmes para ambos os sexos e filmes que mostram a experiência feminina são destinados exclusivamente para meninas?

É estranho pensar que *American Pie: A primeira vez é inesquecível* (1999, Chris Weitz e Paul Weitz) e *Superbad: É hoje* (2007, Greg Mottola) são considerados filmes para adolescentes quando a experiência de ser uma menina adolescente e ser um menino adolescente é completamente distinta. Por que nós estamos inclinadas a ver e gostar de longas que tratam de outro ponto de vista e o contrário quase não acontece? Quantos meninos você conhece que não olham de cara feia para *A mentira* (*Easy A*, 2010, Will Gluck) e *Meninas malvadas* (*Mean Girls*, 2004, Mark Waters)?

Tanto *American Pie* quanto *A mentira* têm como trama central o ritual de passagem que é a perda da virgindade. Quando os colegas de escola de Olive (Emma Stone) acham que ela não é mais virgem, a garota passa de invisível para a mais nova "vadia" em *A mentira*. A solução que ela encontra é tirar vantagem dessa nova identidade que lhe foi imposta. O que aconteceu com Olive não tem chance de se repetir com qualquer um dos personagens masculinos de *American Pie*, já que se espera que os homens sejam sexualmente ativos. No filme, há quase uma corrida para ver quem perde a virgindade primeiro.

A questão não é que meninas não podem ver filmes protagonizados por garotos, mas é preciso que exista uma produção de qualidade pensada especialmente para elas. Proporcionar um cinema de qualidade para adolescentes não é só se preocupar com a parte técnica e estética do filme; é refletir sobre o conteúdo e sobre o que é dito. Qualidade também está ligada a responsabilidade social, sobretudo quando os produtos retratam uma fase em que muita gente começa a construir e a descobrir sua personalidade. É preciso que levemos os filmes a sério, mas só podemos fazer isso quando levarmos o público a sério. Não é preciso subestimar os adolescentes, principalmente as meninas.

Garotas devem poder se enxergar nas personagens mais diversas. Pode ser um grupo de meninas querendo assaltar um banco (*Atraídas pelo perigo*, 2001, Francine McDougall), uma adolescente tímida que um dia descobre ser princesa de um pequeno país europeu (*O diário da princesa*, 2001, Garry Marshall), um grupo de colegas de faculdade que quer ganhar um concurso (*A escolha perfeita*, 2012, Jason Moore) ou uma menina com câncer que se apaixona pela primeira vez (*A culpa é das estrelas*, 2014, Josh Boone).

Talvez a experiência fílmica feminina mais próxima dos moldes de *American Pie* seja *Diário de uma virgem* (*The To Do List*, 2013, Maggie Carey), que conta a história de Brandy (Aubrey Plaza), uma jovem que não quer ir para a faculdade sendo inexperiente no quesito sexual. Diferente das pessoas ao redor de Olive, de *A mentira*, os amigos de Brandy apoiam sua decisão de explorar sua sexualidade.

A adolescência, assim como qualquer fase da vida, não é só feita de bons momentos. Para podermos oferecer uma variedade de roteiros e histórias, temos que mostrar esse lado sombrio também. *As virgens suicidas* (*The Virgin Suicides*, 1999, Sofia Coppola) conta a história de um grupo de irmãs que uma a uma tira sua própria vida. Já em *Palo Alto* (2013, Gia Coppola), April (Emma Roberts) tem uma desilusão amorosa com um professor mais velho.

Palo Alto é um bom exemplo de filme que alterna entre um protagonista, Teddy (Jack Kilmer), e uma protagonista, April. Teddy é o que pode ser considerado um garoto problemático: se envolve com drogas e com a polícia. April é a menina que está tentando fazer tudo da melhor maneira possível e dentro das expectativas das pessoas. Mesmo que Teddy tenha um importante papel na narrativa, não há dúvidas de que a protagonista que se destaca é April.

Se olharmos para produções mais alternativas feitas fora de Hollywood, encontramos opções variadas. *Nós somos as melhores!* (*Vi är bäst!*, 2013), de Lukas Moodysson, é um drama sueco sobre três amigas que decidem montar uma banda punk. Além de ser um ótimo filme, é um bom exemplo para pensarmos num cinema mais abrangente. No começo, não sabemos se estamos vendo um menino ou uma menina, o gênero não importa, e o fato de as personagens usarem roupas consideradas masculinas nunca é questionado no filme. Elas encontram na música uma válvula de escape para relações e questões cotidianas e não poderiam ter uma atitude mais punk do que escrever uma canção contra a autoridade do professor de educação física.

ALGUMAS INDICAÇÕES DE FILMES SOBRE ADOLESCÊNCIA:

Atração mortal (1988), Michael Lehmann

Eleição (1999), Alexander Payne

Ganhando espaço (1992), Leslie Harris

Garotas (2014), Céline Sciamma

Gatinhas e gatões (1984), John Hughes

Juno (2007), Jason Reitman

Nunca fui santa (1999), Jamie Babbit

Our Song (2000), Jim McKay

Persépolis (2007), Marjane Satrapi e Vincent Paronnaud

The Diary of a Teenage Girl (2015), Marielle Heller

Hollywood ainda tem muitos problemas quando se trata de diversidade, e filmes adolescentes não são a exceção. As protagonistas são majoritariamente personagens brancas de classe média, que de vez em quando têm uma ou outra amiga negra no elenco de apoio. Alcançar o cinema plural de que tanto se fala nesse texto implica dar voz para minorias e grupos socialmente excluídos.

Cada país vai produzir um tipo de cinema com suas peculiaridades, refletindo sua própria cultura e costumes, mas não podemos negar a dominância do cinema norte-americano nas escolhas que fazemos. Não podemos também simplesmente dizer que o popular é ruim e deixá-lo de lado. Ele precisa ser questionado e a indústria deve, no mínimo, oferecer produtos de qualidade. ★

ESCREVA A SINOPSE DE UM FILME QUE RETRATE A REALIDADE DA SUA ADOLESCÊNCIA.

UMA ESCOLA FEITA POR NÓS

GABRIELLA BEIRA
ilustração HELENI ANDRADE

Para a maioria de nós, escola é sinônimo de: horários rígidos de aulas, uniforme, provas, trabalhos, notas, boletim, aprovação ou recuperação, professor como autoridade indiscutível e ponto. Nós, que estudamos, estamos confinadas a uma sala de aula por diversas horas do dia, para adquirir conhecimentos que podem estar bem distantes do nosso universo de interesses e vivências.

Há todo um cotidiano a que estamos bastante (mal) acostumadas. Em geral, um ambiente opressivo e desgastante a que temos que nos submeter e que impera em todas as escolas, principalmente naquelas focadas em vestibular. Pouco questionamos esse modelo educacional, mas a realidade é que existe um projeto alternativo a ele, baseado nas ideias e obras do educador Paulo Freire.

Escolas sem turmas definidas, sem provas, com um ritmo de trabalho mais flexível e voltado para as afinidades e interesses das e dos estudantes, com uma administração horizontal e participativa. Parece loucura? Mas existe! São as chamadas escolas democráticas e se baseiam no projeto freiriano de educação popular.

Pouco questionamos esse modelo EDUCACIONAL, MAS A REALIDADE É QUE existe um projeto alternativo a ele

QUEM É PAULO FREIRE E O QUE É EDUCAÇÃO POPULAR?

Paulo Freire se formou em direito, mas nunca chegou a exercer a carreira. Em vez disso, atuou como educador e é considerado um dos principais estudiosos da pedagogia no mundo. Freire foi secretário da Educação da cidade de São Paulo pelo período de 1989 a 1991 e faleceu em 1997, deixando um legado importante para a pedagogia crítica e para a educação popular. Desde 2012, é considerado Patrono da Educação Brasileira.

Paulo Freire discordava dos métodos educativos tradicionais, que caracterizam o que ele chamava de "educação bancária", marcada pelo tecnicismo e pela alienação, principalmente quando se trata da educação das classes populares. Para Freire, a educação tem que cumprir um papel transformador e empoderar as classes menos favorecidas, dando a elas meios de se libertar de todas as formas de opressão. A educação é, portanto, um instrumento político de emancipação, uma vez que permite uma leitura contestadora da realidade política e social em que estamos inseridos.

A educação popular parte do princípio da não hierarquização dos conhecimentos: o conhecimento da agricultora é tão importante quanto o conhecimento da engenheira agrônoma, pois, para Paulo Freire, a educação deve valorizar os saberes populares e, a partir deles, construir um método educativo baseado na perspectiva crítica do mundo e, principalmente, na perspectiva dialética do saber. Nesse sentido, o saber se torna uma construção coletiva e todas as pessoas envolvidas nesse processo são tidas como educadoras-educandas, já que ensinam e aprendem simultaneamente.

A educação pública popular e democrática foi o grande projeto político da gestão de Paulo Freire quando na Secretaria de Educação. Ele refutava a utilização de cartilhas educativas e defendia maior autonomia para o projeto pedagógico das escolas, em que os atores desse processo — tanto estudantes quanto educadores, pais, funcionários e a própria comunidade — decidissem coletivamente os rumos da educação, com base nas necessidades acadêmicas e políticas do grupo.

A EXPERIÊNCIA DEMOCRÁTICA NAS ESCOLAS

Como se pode perceber e imaginar, o projeto de gestão democrática defendido por Paulo Freire não é o mais adotado hoje, devido a todo um contexto político, intensificado pelo neoliberalismo, de contenção das massas populares. Isso significa que não há interesse dos governos em promover uma educação que seja emancipadora e muito menos contestadora da ordem vigente. Junto a isso, vivemos um mundo cada vez mais marcado pela precarização do ensino. O utilitarismo é o que dita o projeto educacional da maioria das escolas: se não é voltado ao vestibular, é voltado à profissionalização prematura para gerar mão de obra barata ao mercado de trabalho.

No entanto, hoje no Brasil contamos com algumas experiências de escolas democráticas. Infelizmente, a maioria dessas escolas é privada, mas na cidade de São Paulo, por exemplo, temos a Escola Municipal de Ensino Fundamental Amorim Lima, localizada na zona oeste, onde se aplica a gestão democrática. Lá não existem provas, turmas ou disciplinas estritas e a gestão é comunitária, contando com a participação de pais, educadores, estudantes e funcionários.

Nessa escola, os estudantes realizam projetos com um determinado tema, que abarca visões multidisciplinares. Por meio de pesquisa e exercícios, cada estudante vai aprendendo no seu ritmo. As turmas não são divididas por séries, mas por

Ficou interessada nas ideias de Paulo Freire e quer saber mais? Recomendamos a leitura de um de seus livros mais conhecidos, *Pedagogia do oprimido*. Se prefere começar com um texto mais curto, o ensaio *Extensão ou comunicação?* é bastante interessante. A leitura pode ser um pouco difícil no começo, porque ele formulou conceitos complexos, mas ambos textos aqui indicados falam sobre a ideia de educação democrática e apresentam alguns métodos que Freire utilizou em sua prática de pedagogia popular.

uma certa faixa etária e de acordo com as aptidões de cada um, formando ciclos de aprendizagem. A maioria das atividades é realizada em grupo, com discussões e execução de atividades. A partir disso, os estudantes são avaliados.

Paulo Freire defendia o projeto pedagógico de educação popular pelo menos desde a década de 1960 e, até hoje, ele só tem sido aplicado em pequena escala, convertendo-se, de certa forma, em um privilégio para classes mais favorecidas e que podem pagar por isso, ou então limitando-se a uma experiência diminuta em um contexto amplo de precarização do ensino. Para atuar criticamente no meio em que vivemos, é preciso começar modificando o modo como se ensina em nossa sociedade. Nesse sentido, as escolas democráticas tornam-se uma importante demanda popular com vista à transformação social e à participação cidadã na mudança que tanto queremos. ★

CRIE SUA PRÓPRIA ESCOLA! IMAGINE COMO SERIA O SISTEMA DE ENSINO, A DIVISÃO DOS ALUNOS NAS SALAS, AS NOTAS, O ESPAÇO FÍSICO, AS MATÉRIAS ENSINADAS...

MÁSCARAS SOB MÁSCARAS E O VIDEOGAME

VANESSA RAPOSO
ilustração BÁRBARA FERNANDES

Imagine que você tem dois melhores amigos no colégio: uma é aquela miga que está contigo em todas as situações, sejam festas ou maratonas da Netflix. O outro é aquele migo com quem você se sente livre para conversar sobre HQs, séries e videogames livremente sem se sentir a própria Carrie, a Estranha.

O caso em questão é que sua professora descobriu que um deles colou da prova do outro. Não há como ter certeza absoluta de qual dos dois foi o terrível meliante, por isso você — a melhor aluna da sala — é convocada para dar sua opinião. Qual dos dois você acharia mais capaz de fazer isso? A prof informa que você pode "lavar as mãos" e se negar a dar qualquer resposta, mas nesse caso ela punirá os dois igualmente.

Achou fácil de decidir? Então vamos apimentar um pouco mais o desafio.

Digamos que, apesar de não ter certeza, você ache que sua melhor amiga é mais propensa a colar do que seu melhor amigo, medroso demais para se arriscar. Porém, **digamos** que seu amigo esteja na esteira da reprovação e que, pensando bem, teria motivos sérios para colar. E mais: **digamos** que, apesar de ter as notas mais altas da classe, você bem que não reclamaria de ganhar um pontinho extra na média — que é exatamente o que está sendo oferecido pela sua ajuda (ó, a corrupção escolar!).

Quem você incrimina: sua amiga, seu amigo ou ninguém? Por quais critérios? O que você faz?

HONESTIDADE E RAZÃO ACIMA DE TUDO

(*Numa situação sem solução óbvia, você tende a se apegar ao que acredita ser certo. Você pensa na resposta mais racional com base em suas pistas e a oferece à professora, tentando convencer a si mesma de que ficar quieta não seria justo com a pessoa inocente — e torcendo para que a outra parte possa te perdoar por isso.*)

Escolher fazer o "bem" é quase sempre compreendido de forma positiva. Vivemos, afinal de contas, em sociedade. Num mundo ideal, nossas noções de justiça e bondade seriam tão óbvias que sequer precisaríamos defini-las ou monitorar quem tenta burlá-las. No mundo em que vivemos, porém, existem regras explícitas e implícitas que ajudam a definir os limites da convivência com o próximo. E somos estimulados socialmente a respeitar esses limites.

Mas o que tudo isso tem a ver com videogames?

Jogos (não só eletrônicos) são sistemas mediados por regras capazes de criar um "círculo mágico" separado do mundo cotidiano, no qual existe um tempo, um espaço e algum tipo de objetivo a se alcançar. Há uma narrativa emergente até no mais infantil jogo da velha, mas foi quando os videogames se tornaram capazes de contar histórias elaboradas através de sua interatividade que a coisa ficou mais interessante.

Videogames têm o potencial de criar mundos exploráveis extremamente complexos. Se na literatura ou no cinema é necessário um guia (o narrador ou a câmera) através do qual o universo será apreendido, nos jogos há a possibilidade de "apenas" criar um mundo em aberto, a ser moldado pela interação do personagem. Em outras palavras: deixar o palco montado aguardando o toque de Midas do jogador. É o caso óbvio de séries como *The Elder Scrolls*, *Grand Theft Auto* e *Saints Row*, igualmente aclamadas e criticadas pela grande liberdade que oferecem.

VIDEOGAMES TÊM O *potencial de criar mundos* EXPLORÁVEIS EXTREMAMENTE COMPLEXOS

MAS PAGANDO BEM QUE MAL TEM?

(*Vamos ser sinceros: todos temos nossos interesses. Talvez para você seja aquele ponto extra na nota. Se um dos dois amigos vai se ferrar de qualquer jeito, qual o problema de você ganhar alguma coisa no processo? Não é sua culpa que tenham sido pegos! Ou talvez você tenha uma quedinha por um deles... Como essa pessoa reagiria quando ficasse sabendo que você lhe salvou a pele?*)

Dentre as teorias da psicologia do suíço Carl Jung, uma das mais interessantes é a contraposição entre as figuras da Persona e da Sombra. Resumindo beeem resumidinho: Persona é a maneira como nos apresentamos ao mundo. A palavra significa "máscara" em latim, e é bem isso mesmo – máscaras sociais que vestimos e trocamos dependendo da situação. A Sombra, por sua vez, é aquilo que rejeitamos em nós mesmos, geralmente porque não é compatível com a imagem idealizada da Persona. Tendemos a suprimir nossas Sombras, negá-las. Por exemplo, se a minha imagem idealizada é a da melhor aluna da classe que por acaso também é considerada uma pessoa sociável, talvez eu tenha medo que descubram que passo quase todas as sextas à noite comendo Doritos enquanto assisto a vídeos de gatos no YouTube.

Então será que a nossa bagagem do "mundo real" pode vazar para o "círculo mágico" dos jogos? Depende de como as regras são estabelecidas. Em *Mass Effect*, RPG de ação com temática espacial, você controla uma comandante que deve participar de batalhas e interferir em questões políticas intergalácticas. O jogo possui um sistema de moralidade no qual, ao agir idealisticamente, sua personagem receberá pontos de Paragon (Modelo) e, ao tomar atitudes pragmáticas, você será considerada Renegade (Renegada). Esses pontos influenciam a maneira como o mundo do jogo te vê, a aparência física da comandante e abrem novas linhas de diálogo.

O mundo de *Mass Effect* é tão complexo e convincente que sentimos o peso da necessidade de aprovação social dentro dele. Zerei a série três vezes, e por três vezes fui Paragon. Eu poderia ter sido cruel e babaca com meus subordinados (são só personagens de videogame, afinal), mas nunca consegui. Eu queria que gostassem de mim, que me aprovassem. Com frequência ouço de amigos fãs da série coisas como "sou otário até em jogos" ou "tentei trair fulano, mas senti culpa", e isso mostra que os sentimentos no espaço fictício do game podem ser intensos e reais. Jogos como *Mass Effect* te perguntam "o que você faria nessa situação?" e te dão a chance de agir exatamente como na "vida real". Por isso levamos nossa bagagem emocional para dentro deles.

Mas será que conseguimos (ou queremos) ser completamente realistas?

QUERIDA, ESSA TRETA NÃO ME PERTENCE

(*Você decide ficar longe da confusão porque ela não é da sua conta. Os dois são seus amigos e você não quer prejudicar nenhum deles. Você se importa igualmente com ambos e decide que não terá o peso de uma escolha idiota nas costas. E é exatamente por isso que deixará que um inocente pague o pato. A professora é que é a vilã dessa história, não você. Mas deixar de escolher não é também uma escolha?*)

Jogos nos oferecem uma série de máscaras para vestir, mas nós nunca somos apagados da experiência. Se sou um encanador italiano no Reino dos Cogumelos, uma caçadora de recompensas das galáxias ou uma arqueóloga irada que fez cursinho de *parkour*, o meu encanador, caçadora de recompensas e arqueóloga serão um pouquinho diferentes dos seus. Há um pouco de mim nos meus avatares, assim como um personagem de teatro acaba ganhando um pouco do ator que o interpreta.

É claro que a "liberdade" oferecida nos jogos não é completa: ela faz parte de um escopo de possibilidades preconcebidas pelos desenvolvedores, e mesmo que a interação seja subvertida pelo jogador de maneira inimaginável, não dá para ignorar a responsabilidade dos criadores por aquilo que optam inserir ou excluir.

De forma semelhante, a maneira "realista" como o jogo me põe em situações de escolha também faz variar meu posicionamento como jogadora. Eu posso mentir para mim mesma e dizer que sou honrada e corajosa como meu avatar em *Mass Effect*, mas todos sabemos que no momento em que eu jogava, por mais que o game me deixasse ser "eu", era meu "eu" idealizado quem tomava as rédeas. O mesmo "eu" que sempre compensa para o lado dela, a própria: minha Persona.

Recentemente, jogando *Life Is Strange*, porém, decidi abraçar as partes menos agradáveis de mim. No jogo, você é Max, uma adolescente que repentinamente descobre ter o poder de controlar o tempo. Tirando o complexo de Senhor do Tempo, Max é uma menina bastante normal e a maior parte dos problemas que ela enfrenta durante o jogo são coisas que poderiam acontecer de verdade: um vídeo comprometedor vazado na internet, bullies sendo hostis e figuras de poder (professores, seguranças e o próprio diretor do colégio) agindo de forma abusiva e corrupta. Diferente de *Mass Effect*, *Life Is Strange* deixa claro que agindo "bem" você nem sempre será recompensado. Na verdade, a justiça cega pode te trazer uma série de problemas se você não for esperta: há figuras socialmente mais poderosas que você e bater de frente com elas, assim como na vida real, pode ser perigoso.

Num sistema em que as fraquezas são realçadas é mais fácil abraçar os aspectos negativos de nós, criando personagens mais interessantes e realistas. A minha Max fez coisas covardes que me deixam envergonhada, mas é dez vezes mais interessante do que a minha comandante espacial superpoderosa. Ambas são máscaras que não correspondem com exatidão a quem "sou", mas que formam um mosaico. Enxergo a mim com muito mais franqueza na frágil e esperta Max. A comandante espacial, por sua vez, é quem eu gostaria de ser: a linha do horizonte da minha autoestima. Todas são eu, e ao mesmo tempo não são.

Games são divertidos, mas também podem ser um exercício de autoconhecimento. Quando há essa intenção, fica fácil "viver" papéis dentro de um sistema de jogo e refletir sobre dilemas completamente ficcionais como se fossem reais. Por exemplo, poucas pessoas sentiriam pena de sacrificar um peão no xadrez; mas você nem precisa ter um videogame para ficar encucada sobre como agiria na improvável situação de delatar ou não BFFS imaginários... ★

QUE TAL CRIAR SEU PRÓPRIO AVATAR, PENSANDO NA SUA PERSONA OU NA SUA SOMBRA?

SE QUISER, VÁ ALÉM E INVENTE SEU PRÓPRIO JOGO — QUAIS SERIAM AS MISSÕES A SEREM CUMPRIDAS? E O OBJETIVO FINAL?

Profissão

....

Habilidades especiais

....

....

....

....

Personalidade

FRACA	○○○○○○○○○○	FORTE
LENTA	○○○○○○○○○○	ÁGIL
DESASTRADA	○○○○○○○○○○	HÁBIL
RESERVADA	○○○○○○○○○○	EXTROVERTIDA
ARROGANTE	○○○○○○○○○○	SIMPÁTICA
PREGUIÇOSA	○○○○○○○○○○	ANIMADA
BAGUNCEIRA	○○○○○○○○○○	ORGANIZADA
INGÊNUA	○○○○○○○○○○	ESPERTA

....

A ARTE IGNORADA

HELENA ZELIC E REBECCA RAIA
ilustração NATHALIA VALLADARES

Vamos falar sobre mulheres artistas. Queremos falar, por exemplo, de Camille Claudel, que por tanto tempo ficou às sombras do companheiro, Auguste Rodin. Não queremos falar de Jackson Pollock, porque falaremos de Lee Krasner. Nem Bioy Casares, mas sim Silvina Ocampo. Queremos falar de mulheres artistas porque, se a arte vem da sociedade, também não está isenta das relações de poder dessa sociedade, que é patriarcal. Queremos falar sobre mulheres na arte porque os estudos acadêmicos, os curadores, as editoras, as invisibilizam — o fazem com tanta força que chegamos a pensar que elas sequer existam.

Dentro dos museus e galerias, é mais fácil fechar os olhos para a falta de representação de mulheres porque estamos acostumadas com os nomes masculinos dos grandes artistas da história da arte. Isso porque foram os homens que primeiro entraram nas academias de arte para aprender as técnicas que depois os levariam a pintar igrejas e retratar as famílias reais. Enquanto isso, as mulheres aprendiam e praticavam arte apenas como uma "distração", e isso de quebra serviria para impressionar futuros candidatos a marido. Assim, quando os museus foram criados, os

Foram os homens QUE PRIMEIRO ENTRARAM NAS ACADEMIAS DE ARTE PARA APRENDER AS TÉCNICAS QUE DEPOIS OS LEVARIAM A pintar igrejas e retratar as famílias reais

artistas escolhidos nas coleções eram majoritariamente homens: porque eram eles que tinham o privilégio de exercer arte como profissão. Esse privilégio também era limitado a homens brancos e ricos, que tinham o papel de retratar a sociedade conforme queriam aqueles que estavam no poder. Um passo importante é entender a problemática de ter mulheres apenas retratadas, mas não representadas — os retratos femininos que conhecemos da história da arte são, em sua maioria, construídos pelo ponto de vista masculino. Na arte moderna e contemporânea o cenário melhorou, mas ainda não é o ideal. Encontramos mais mulheres, negros e homossexuais, mas sabemos que, para que uma ou um artista de classe oprimida entre na coleção de um grande museu, precisa agradar os curadores e diretores, que, na maioria, continuam sendo homens brancos.

Na literatura, a situação é semelhante. As mulheres escritoras são pouco conhecidas, mas isso não significa que elas não existam, principalmente se nos focarmos na literatura do século XX em diante. Muitos leitores — inclusive nós — param para pensar e percebem que o número de mulheres autoras lidas durante a vida é tão pequeno, mas tão pequeno, que dá para contar nos dedos. Isso não acontece sempre porque as leitoras e leitores pensam "só quero ler homens", mas porque uma grande parte daqueles livros sugeridos nas bibliotecas, nos currículos escolares e nas bibliografias acadêmicas são escritos por homens brancos e canonizados por outros homens brancos, que também são a maioria no minúsculo universo da crítica literária. Em compensação, não é como se a proposição "só quero ler homens" fosse inexistente no mundo em que vivemos. A própria Joanne Kathleen Rowling, autora de Harry Potter, assina seus livros com as iniciais a pedido da editora, que temia que os garotos não lessem os livros por terem sido escritos por uma mulher. Este é apenas mais um exemplo do tratamento dado às mulheres na literatura: a invisibilidade. Por esse motivo, são tão importantes campanhas como a Leia Mulheres, que se espalhou em 2014, e abriu os olhos de muitas leitoras e leitores: se já lemos tantos homens por tanto tempo, é hora de investigar quem são as autoras mulheres, ainda que nos tenham escondido seus livros durante toda a história.

Além de desejarmos mais mulheres inseridas no mundo das artes, precisamos que a arte das mulheres seja reconhecida igualmente. A solução não é dar espaço apenas às artistas europeias ou estado-unidenses, ou somente às brancas — apenas aquelas com maior acesso aos meios e círculos sociais da arte que são, em geral, espaços feitos para a elite. Queremos a atenção devida às artistas da África, do Oriente Médio, do mundo todo! A todas mulheres da América Latina, que subvertem as fronteiras geográficas, políticas, culturais. Que a arte e a literatura popular também tenham espaço nos currículos e exposições. Que conheçam Violeta Parra, Victoria Santa Cruz, Gabriela Mistral, Linda Lucia Santana, nossas hermanas. Que reconheçam Jarid Arraes, Rosana Paulino, Angélica Dass, Conceição Evaristo e Carolina Maria de Jesus, artistas negras necessárias em um país tão negro mas tão desigual.

Lidamos com questões de acesso, inclusão e diversidade. Propor todos esses questionamentos não significa afirmar que toda arte deva ter um papel socialmente transformador ou revolucionário, mas as instituições culturais que atendem o público podem apresentar a arte como algo que dialoga com todas as camadas da sociedade, inclusive e especialmente as minorias sociais. Acreditamos na importância de que exista cada vez mais espaço para artistas e escritoras dentro de todos os ambientes: nas ruas, nos museus, nas galerias, na academia, nas livrarias, nas bibliotecas e na internet. Isso não significa que ficaremos sentadas esperando. Essa inclusão irá partir, também, de nós mesmas. Devemos mostrar que não estamos representadas nas grandes instituições que regem o ambiente artístico contemporâneo e cobrar mudanças dessas instituições — que não são intocáveis e devem ser questionadas, como estamos fazendo junto a mulheres de movimentos do mundo inteiro.

Ninguém precisa ser artista para fazer parte disso: buscar informações sobre artistas mulheres também é uma forma de visibilizá-las, mesmo que não sejam aquelas que todo mundo reconhece — as que a gente encontra na internet ou nos muros das cidades são tão artistas quanto as que já estão nos museus. Talvez esse movimento também ajude meninas e mulheres a perder a timidez para produzir e expor sua própria arte.

A arte nunca foi das mulheres, porque nunca nos deram verdadeiro espaço. Mas, juntas, podemos conquistar o mundo. ★

ALGUMAS ARTISTAS E ESCRITORAS PARA CONHECER:

ARTES VISUAIS

Adriana Varejão (Brasil)
Ana Mendieta (Cuba)
Anna Maria Maiolino (Brasil)
Araya Rasdjarmrearnsook (Tailândia)
Barbara Hepworth (Reino Unido)
Barbara Kruger (EUA)
Beatriz Milhazes (Brasil)
Bridget Riley (Reino Unido)
Camille Claudel (França)
Cindy Sherman (EUA)
Doris Salcedo (Colômbia)
Frida Kahlo (México)
Georgia O'Keeffe (EUA)
Graciela Iturbide (México)
Judy Chicago (EUA)
Julie Mehretu (Etiópia)
Käthe Kollwitz (Alemanha)
Liubov Popova (Rússia)
Louise Bourgeois (França)
Lygia Clark (Brasil)
Márcia X (Brasil)
Marlene Dumas (África do Sul)
Maria Martins (Brasil)
Marina Abramović (Sérvia)
Marina Strocchi (Austrália)
Mickalene Thomas (EUA)
Mira Schendel (Brasil)
Miriam Schapiro (Canadá/ EUA)
Mitijili Napurrula (Austrália)
Mona Hatoum (Palestina/ Líbano)
Nan Goldin (EUA)
Regina Graz (Brasil)
Regina José Galindo (Guatemala)
Rosana Paulino (Brasil)
Sara Ramo (Brasil)
Shahzia Sikander (Paquistão)
Sonia Delaunay (Ucrânia/ França)
Suzanne Valadon (França)
Tracey Emin (Reino Unido)
Wangechi Mutu (Nigéria)
Warja Lavater (Suíça)
Yayoi Kusama (Japão)

LITERATURA

Adélia Prado (Brasil)
Alejandra Pizarnik (Argentina)
Alice Munro (Canadá)
Alice Ruiz (Brasil)
Alice Walker (EUA)
Alison Bechdel (EUA)
Ana Cristina Cesar (Brasil)
Anaïs Nin (França)
Angélica Freitas (Brasil)
Arundhati Roy (Índia)
Audre Lorde (EUA)
Ayaan Hirsi (Somália)

Chimamanda Adichie (Nigéria)
Clarice Lispector (Brasil)
Cora Coralina (Brasil)
Doris Lessing (Irã/ Reino Unido)
Edwidge Danticat (Haiti)
Elizabeth Bishop (EUA)
Gertrude Stein (França)
Hilda Hilst (Brasil)
Jhumpa Lahiri (Índia)
Lygia Fagundes Telles (Brasil)
Margo Glantz (México)
Marguerite Duras (Vietnã/ França)
Maria Luisa Bombal (Chile)
Marjane Satrapi (Irã/ França)
Maya Angelou (EUA)
Orides Fontela (Brasil)
Rose Marie Muraro (Brasil)
Susan Sontag (EUA)
Sylvia Plath (EUA)
Toni Morrison (EUA)
Virginia Woolf (Reino Unido)
Wislawa Szymborska (Polônia)
Xinran (China)
Zadie Smith (Reino Unido)
Zélia Gattai (Brasil)

Não podíamos deixar de fora as nossas capitolinas que são escritoras publicadas maravilhosas (sim, somos parciais mesmo): Luisa Geisler (*Contos de mentira*, Record, 2011; *Quiçá*, Record, 2011; *Luzes de emergência se acenderão automaticamente*, Alfaguara, 2014) e Fernanda Brandão (*Não responda hoje*, 7Letras, 2012, publicado como Fernanda Gonçalves). ❤

PEGUE UMA FOLHA, SOLTE SUA IMAGINAÇÃO E CRIE SUA PRÓPRIA ARTE! VALE AUTORRETRATO, PAISAGEM, NATUREZA MORTA, PINTURA ABSTRATA...

Receitas

O PODER DE CUIDAR DE SI

LUIZA S. VILELA
ilustração NATÁLIA SCHIAVON

Nunca canso de me impressionar e de me chatear com a necessidade que muitas pessoas têm de colocar os outros em caixinhas: "a metida", "a mandona", "a gorda", "a magrela" — vocês sabem como essa banda toca. O ser humano é tão mais complexo que isso; somos tão únicos, tão inéditos neste mundo enorme, e ainda assim estamos à mercê de estereótipos e definições que não dão conta da nossa complexidade e da nossa beleza.

Isso sempre fica muito evidente pra mim quando as pessoas descobrem que eu sou uma "exímia dona de casa". Justo eu, "a feminista". Justo eu, "a independente". Como se ser essas duas coisas excluísse a possibilidade de gostar das ditas tarefas domésticas. Não, mundo: é justamente porque sou uma jovem mulher independente que cuidar da minha alimentação e do meu lar é uma parte importante da minha vida. Devia ser pra todo mundo — garotas e garotos na mesma medida.

Lutamos para que a mulher não seja obrigada a cuidar sozinha da casa e da família (isso se ela quiser uma família, né?), para que ela tenha direito de escolha — e não para que nunca mais pise na cozinha ou costure um botão. Ou seja, é uma luta pelo direito de escolher, pela liberdade de se fazer o que for melhor e mais prazeroso no momento — cozinhar ou pedir uma pizza, costurar algo próprio ou comprar algo novo —, sem que isso precise definir você.

Dito isso, acho sim que é extremamente importante saber fazer as coisas você mesma — do lanche da tarde àquela pulseira incrível que você está querendo usar na próxima festa. Sabe por quê? Porque a sensação de independência é uma das melhores do mundo. Para e pensa: como foi a primeira vez que você andou de ônibus ou metrô sozinha? A primeira viagem sem os seus pais? A primeira vez que você ficou sozinha em casa e cozinhou pra você? É maravilhoso saber que temos esse poder, que somos capazes de cuidar de nós mesmas e do espaço que nos cerca. Porque no fim das contas a vida é uma jornada rumo à independência — financeira e emocional. Estudamos e aprendemos coisas novas para que um dia possamos sair da casa de nossos pais e seguir nossos rumos sozinhos. E nesse processo é indispensável que você saiba se cuidar.

Sempre que alguém me diz que "não sabe fritar um ovo", assim meio que achando graça, eu penso que o.k., é uma escolha dessa pessoa, e que bom que ela pode fazer essa escolha (afinal, muitas mulheres não têm essa opção). Mas reflita: quanto dinheiro ela não estaria economizando se aprendesse a cozinhar um pouquinho, pelo menos o básico? O quão mais saudável ela poderia ser? Quantos momentos incríveis compartilhados na cozinha ela não está perdendo? Porque, gente, a cozinha é um lugar mágico de compartilhamento de histórias e sabedoria. Quando você aprende uma receita, você não está aprendendo só a misturar ingredientes, você está atualizando a história de quem passou aquela receita pra você, e criando novas memórias. Se você não tem o hábito, tire um dia pra entrar na cozinha com a sua avó, sua mãe ou suas tias e você vai entender — o lugar da opressão se transforma num lugar de resistência e independência.

O mesmo se aplica àqueles trabalhos manuais que a gente acha que nunca vai conseguir fazer. Desafiar-se a construir alguma coisa é um exercício de independência, porque nem sempre você vai poder comprar aquilo pronto ou pedir pra alguém fazer por você. Pregar seus próprios

A COZINHA É UM *lugar mágico* DE COMPARTILHAMENTO DE HISTÓRIAS E SABEDORIA

quadros na parede, costurar aquela fantasia linda pro carnaval, fazer um caderno do jeitinho que você sempre quis, com as cores e os papéis que você mais gosta: tudo isso vai te ajudar a se transformar numa adulta mais responsável e mais consciente, que entende o valor das coisas.

Um sábio professor meu disse uma vez que tudo que é livre é mais complicado. Ele estava falando de poesia, e também de contemporaneidade — queria dizer que hoje é difícil escrever porque não há regras fixas ou escolas literárias bem definidas. Porque quando elas existem, as opções são duas: ou você segue invisível e excluído ou adere à moda vigente e pronto, está dentro do grupo. Penso que algo parecido acontece com a gente no começo do século XXI — nunca fomos tão empoderadas e livres pra fazer o que quisermos, e isso às vezes gera muita ansiedade e confusão. Posso ser isso e aquilo ao mesmo tempo? Posso gostar disso e daquilo?

Pode sim. Pode ser feminista e cozinheira de mão cheia, pode ser estabanada e exímia penduradora de quadros, pode não ter a menor paciência pra cozinhar e ainda assim aprender a apreciar o momento compartilhado com as amigas na cozinha. Pode ser bailarina e kickboxer — dá muito certo pra mim. No fim das contas, não existe um jeito certo de viver a vida — existe o que é melhor pra você e pro mundo. Ser independente e poder viver todas as nossas peculiaridades, sem deixar que nos coloquem em caixinhas: é disso que eu estou falando quando falo de Faça Você Mesma. ★

TOME CONTA DO SEU QUARTO!

ilustrações BIA QUADROS

Como eu ia dizendo, tornar-se independente é um processo, e ele começa aos poucos, com naturalidade, quando a gente ainda está na casa dos pais. Aprender a cozinhar e a fazer uns servicinhos na casa é uma parte importante, mas uma das coisas mais legais, pra mim, é poder mexer um pouco na decoração do quarto. Seguem então algumas pequenas missões de decoração de interiores, pra você fazer num final de semana, nas férias ou simplesmente quando der vontade.

PENDURAR LUZINHAS DE NATAL

Essa é bem clássica, né? Mas tem uma razão de ser. Poucas coisas dão um efeito tão lindo e imediato. Você pode bater uns preguinhos na parede atrás da cama e pendurá-las no formato de uma cabeceira ou de coração. Quando não estamos em época de Natal, se você estiver com dificuldade de encontrar, tente numa casa de lâmpadas e luminárias — rolam umas mangueiras de LED que também são bem incríveis. Também fica legal se você embolar as luzinhas dentro de um vaso transparente e colocar num cantinho.

FAZER COLAGENS E EMOLDURAR

Hoje em dia muitas lojas de departamentos vendem molduras prontas, então basta você recortar um pedaço de papel cartão do tamanho da moldura e deixar fluir a criatividade. Eu gosto de fazer uma colagem depois de cada viagem importante, então guardo cartões de embarque, ingressos de shows e museus, mapas, cartões-postais e aí misturo com algumas fotos e faço as montagens, depois coloco numa moldura. Acho bem mais legal que fazer álbuns de fotos, por exemplo, porque acaba virando parte da sua decoração e você pode olhar sempre, além de ser um belo incentivo pra juntar dinheiro e viajar mais. Mas dá pra fazer colagens de qualquer tema, né?

ORGANIZAR LIVROS E ROUPAS POR COR

Essa também é clássica, né? Mas o efeito é incrível! Use o espectro do arco-íris, nesta ordem: vermelho, laranja, amarelo, verde, azul e violeta. Daí eu curto ir do violeta pro preto, depois cinza e branco. Outra dica é colocar uma arara de roupas no quarto. Ela acaba fazendo parte da decoração e você ainda enxerga melhor as peças que estão ali, o que sempre ajuda na hora de fazer novas combinações.

PENDURAR SEUS COLARES NA PAREDE

Eu sempre achei que fazia mau uso dos vários colares que tinha, porque ficava tudo escondido numa caixinha. Até que vi na casa de uma amiga os colares todos na parede, pendurados em preguinhos. Pra ficar ainda mais lindo, você pode procurar penduradores de toalha ou até puxadores de gaveta mais coloridos, e pedir ajuda pra pregá-los na parede, mas só os pregos já bastam. Se for colocá-los sozinha, a dica é incliná-los um pouco pra cima, fazendo um ângulo mais fechado com a parede, e ir batendo bem devagarzinho.

PINTAR FRASES NA PAREDE (E NO TRAVESSEIRO) COM MOLDES VAZADOS

Nessa talvez seja o caso de dar aquela perguntadinha pros seus pais (risos), mas fica bem legal. Você pode imprimir as letras e fazer você mesma os moldes vazados, ou comprar na papelaria. Daí é só fixar o molde bem direitinho no local escolhido e usar a tinta certa pra preencher os espaços vazios: tinta acrílica pra parede e tinta pra tecido no caso das roupas de cama (lembrando que é preciso colocar uma proteção dentro da fronha pra tinta não sair manchando o outro lado).

COBRIR A PAREDE DE POST-ITS

Isso mesmo, post-its! Dá pra fazer umas estampas e desenhos bem incríveis usando esses papeizinhos coloridos. Tem muita inspiração na internet, inclusive, e é muito legal de fazer com os amigos. Como é bem fácil de tirar, você pode até fazer uma competição de arte: cada um faz uma parede e depois vocês organizam uma votação para eleger a mais bonita. Dá pra fazer coração, flor, bichinhos, listras, bolinhas. Enfim, fica lindo.

Mãos à obra, então? Não vale mais reclamar que o quarto está sem graça!

SEM LIMITES E SEM LIMITAÇÕES: CORPOS E SEXUALIDADE

PRISCYLLA PIUCCO
ilustração ISADORA CARANGI

Hoje eu estou com vontade de contar várias coisas. Posso? A primeira é que pessoas com deficiência física também transam. Outra é que pessoas com deficiência física podem gostar de fazer e receber sexo oral, fazer anal, masturbação, papai e mamãe, de quatro, de ladinho, com ou sem brinquedo, com uma ou mais de uma pessoa. Sabe por quê? Porque a sexualidade vai muito além do corpo e de condição física. É natural, é saudável e existe.

Sempre notei que há uma certa surpresa quando alguém descobre que sou sexualmente ativa, mas o motivo exato não sei. Às vezes acho que se admiram por eu conseguir, outras vezes acho que pensam que PCD (pessoas com deficiência) são assexuadas, e algumas vezes acho que é porque não entendem como e quem eu arrumei para querer meu corpo que, ao olhar deles, é defeituoso, indesejável.

Quando eu tinha 23 anos, fui ao ginecologista para mudar minha pílula. A primeira sugestão dele foi suspender o uso, porque é melhor para o corpo e não havia problemas em não tomar, ainda mais na minha condição, disse ele. Mas eu queria a pílula para emendar, assim eu não menstruaria. E ele insistiu que eu não precisava porque não havia risco de engravidar, era melhor para o meu corpo.

Agora deixa eu explicar uns detalhes. Era a primeira vez que eu me consultava com ele, não tinha realizado quaisquer exames para saber sobre o que posso ou não. Havia duas hipóteses do porquê de ele assumir que eu não corria risco de engravidar: a) ele achou que por ser cadeirante eu automaticamente não posso ter filhos, talvez baseado em casos anteriores, mas de qualquer forma é inadmissível emparelhar todas as PCD como se fossem uma só; ou b) ele achou que eu não era sexualmente ativa, sem se dar o trabalho de perguntar. Eu optei pela opção A, me pareceu menos paranoico da minha parte do que achar que era a opção B. Mas a minha mãe interveio e falou que eu podia sim engravidar, outro médico já havia nos dito, e que eu namorava, portanto não achava muito seguro eu parar de tomar pílula. O ginecologista ficou perplexo e processou a informação até que respondeu que hum, nesse caso, hum, melhor tomar a pílula e emendar, hum. Não era a opção A, era a B. E olhem só, nem era esse o ponto, na verdade: eu só não queria menstruar.

Então eu me pergunto: por que as pessoas (não todas, obviamente, mas o senso comum) ainda hoje assumem que PCD não pode transar como qualquer outra pessoa? Uma garota na cadeira de rodas não pode gostar de fazer oral? Uma garota sem uma das pernas não pode gostar de sexo de quatro? Podem sim. Sexualidade não tem pré-requisitos não, gente. Não tem cor, peso, gênero, corpo que limite alguém a se expressar sexualmente e gostar de fazê-lo.

Tem moço achando que moça com deficiência não consegue transar porque tem limitação física. Na verdade, tem até pais de moços achando que o filho não devia se relacionar com PCD porque ela não é suficiente, que ela não pode satisfazê-lo, não pode engravidar. Santa ignorância. Moços e moças: vão sem medo de ser feliz, porque se houver, de fato, alguma limitação por conta do tipo da deficiência, é só usar a imaginação que vocês conseguem dar um jeitinho. Garanto. E para você que tem alguma limitação física: aceite seu corpo porque ele é perfeito exatamente do jeito que é e abrace sua sexualidade — ela não tem limites, assim como você. ★

DESENHE NO ESPELHO ABAIXO COMO VOCÊ ENXERGA O PRÓPRIO CORPO.

CARA, CADÊ MEU ESTILO?

LAURA VIANA
ilustração BÁRBARA MALAGOLI

Esse negócio de moda é um assunto meio espinhoso para se falar de um ponto de vista feminista, né? Afinal, trata-se daquela indústria nada fofa que incentiva as mulheres a se sentirem feias e inadequadas, que serve como ferramenta de manutenção de privilégios de raça, classe e gênero e que ainda te faz gastar — ou querer gastar — rios de dinheiro, espalhando as ideias de que você é o que você veste e de que suas roupas são o único meio que o mundo pode encontrar para ler sua personalidade.

Ao mesmo tempo, não dá pra negar que essa coisa toda de se vestir pode ser bem divertida quando a gente consegue sair desse ciclo de bizarrices mercadológicas. Apesar do jeito cretino com que o marketing fashionista coloniza a ideia, as roupas são um jeito, em meio a muitos outros, de falar um pouco sobre o que você pensa e com o que você se identifica. É claro que é possível encará-las como só uma maneira de se manter quentinha e protegida, mas também dá para gostar de tudo isso sem se sentir culpada ou entrar em conflito com os ideais feministas.

Assim, nós aqui da *Capitolina* elaboramos esse pequeno apanhado de conselhos para te dar uma ajudinha na hora de pensar sua curadoria de guarda-roupa e seu estilo pessoal de uma forma que passe longe da moda padronizadora. Você só vai precisar de linha, agulha, uma tesoura sem pontas e disposição para andar por partes desconhecidas da sua cidade em busca de brechós secretos. Preparada?

1. OLHE AO REDOR

É aquele papinho de gente chata das artes, mas realmente existe inspiração em todo canto. Você não precisa se fechar nos veículos de comunicação especializados — sites, revistas, programas de TV — para procurar ideias que possam ser incorporadas ao seu próprio estilo. O mundão todo é uma grande caixa de referências e seus amigos, as pessoas na rua, os velhinhos no metrô e até alguma pintura de três séculos atrás podem te dar uma luz sobre o que colocar no guarda-roupa.

2. PROCURE REFERÊNCIAS, NÃO CÂNONES

Pode até ser o clichê dos clichês, mas é sempre bom lembrar que não existe verdade absoluta. Tudo o que te disserem sobre o que é ou não descolado, bonito ou tosco pode e deve ser questionado. Saiu em alguma revista de moda e você acha completamente horroroso? Continue achando, a editora-chefe não paga suas contas e você não deve satisfações a ela. Acha pochete linda e prática? Só Deus — e olhe lá — pode te julgar.

Ao mesmo tempo, pode ser bem recompensador ser um pouco flexível com as suas próprias verdades e tentar absorver um pouco das declarações de moda de outras pessoas. Todo mundo tem alguma dica boa para dar, e com o tempo você passa a filtrar melhor o que serve como incorporação legal ao seu banco de referências e o que é só alguém cuspindo regra na sua vida.

3. SAIA DO SHOPPING

Dá pra achar coisas legais por lá? Dá, claro. O problema é que, nesses megacentros de compras, a produção é toda padronizada — ou seja, as chances de que você acabará com cara de vitrine são bem grandes. O legal é usar as lojas comuns para comprar peças basiconas, tipo calça jeans ou camiseta lisa, já que a modelagem e as cores não são tão influenciadas pelas mudanças de coleção e costumam ser mais baratas nesses lugares. Já para encontrar aquela peça arraso que arremata o visual inteiro, o legal é dar uma explorada em lugares que não obedeçam uma ordem tão rígida de mudança temporal.

Os brechós são sempre a aposta mais certa, mas há uma dica de ouro para ser a rainha do garimpo vintage: não se prenda aos famosinhos — eles são caros e você vai acabar brigando por roupa com toda a hipsterlândia. O negócio é achar aquele bazar de bairro, principalmente os beneficentes, porque esse é o tipo de lugar onde você consegue comprar o mundo a preço de banana e ainda encontrar uns diamantes não lapidados que com certeza vão ser diferentes de qualquer coisa que qualquer um esteja usando por aí — afinal, são as roupas da década de 1970 da sua vizinha que estão à venda por lá.

Além disso, não ignore as lojas tímidas que existem na rua, tipo aquelas onde sua avó compra saias: elas são rainhas das estampas não convencionais e costumam ter preços bem menos salgados que o das *fast fashion* descoladas.

4. FAÇA VOCÊ MESMA

Sabe aquela coisa de mãe de que, se você quer algo bem-feito, faça você mesma? Na verdade, ela nem sempre funciona — o mais comum é que você tenha como resultado um guarda-roupa cheio de vestidos com a barra meio torta e saias pela metade. Bobagens de lado, aprender a costurar te abre um mundo maravilhoso de autonomia em que você escolhe absolutamente tudo, foge das numerações completamente incoerentes das lojas e ainda ganha mais controle sobre a origem de suas roupas — afinal, consumir marcas que não tratam eticamente seus funcionários ou que têm linhas publicitárias absurdas não é exatamente um bom carma, né?

E a gente entende que nem todo mundo tem saco pra bordado e tricô, então o faça você mesma não precisa se prender aos trabalhos manuais: fazer sua própria mídia, por exemplo, com blogs e zines, é também uma forma de criar um estilo mais autônomo e menos preso ao que já existe.

5. MUDE DE IDEIA

Resolveu que era gótica e emo até ontem de tarde, mas agora bateu uma vontade de usar um saião hippie? Tá tudo bem, amiga. Nenhuma carteirinha de tribo urbana será perdida e nenhuma multa será aplicada. Sinta-se livre para fluir entre todos os estilos pré-moldados que existem e para alterá-los de acordo com o que funciona melhor para você. O mesmo vale para aquela peça que você sempre jurou odiar, mas que, de repente, deu uma amolecida no seu coração. São apenas roupas, tudo bem engolir o orgulho.

6. VÁ ALÉM DE "BONITO" E "FEIO"

Essa é a dica rainha. Nossa função no mundo não é decorativa, e você não tem que se prender a padrões estéticos que foram definidos como regras sem que ninguém te consultasse antes. Existem muitos outros adjetivos, de legal a esquisito, passando pelo tosco e pelo peculiar, que a gente pode explorar para fugir dessa coisa tão polarizada de *hot or not*. Ser agradável ao olhar — seja lá o que isso quer dizer — não é necessariamente ser interessante.

Se você ficou com aquela preguicinha de ler tudo — sem problemas, só ficamos levemente ofendidas —, dá pra resumir o guia todo em um único conselho: **lembre-se de que a última palavra sobre o que você usa é sempre sua**. Ouvir opiniões é bom, se atualizar através de revistas e semanas de moda pode ser divertidíssimo e ter pessoas-referência em quem se inspirar é uma bela ajuda, mas, quando você decide usar suas roupas como meio de demonstrar sua personalidade, a melhor guru de estilo que você pode encontrar será sempre você mesma.★

USE ESTE ESPAÇO PARA CRIAR UM MURAL DE REFERÊNCIAS DE MODA.
VALE ANOTAR, DESENHAR, IMPRIMIR, RECORTAR...

SOBRE AS AUTORAS

Alile Dara Onawale é uma mulher baiana-negra-lésbica que carrega no nome e nos olhos a sensibilidade e pureza do universo feminino. Conectada com sua ancestralidade, teve seu primeiro contato com a fotografia antes dos quinze anos, quando ganhou de sua avó sua primeira câmera. Fruto de uma geração que resgata e transcende, celebra diariamente através da sua lente o retrato da expressão de tantas outras mulheres negras que sentem e vivem.

Amanda Lima tem vinte anos, mas com carinha de quinze. Ama o significado de seu nome, mas prefere que a chamem de Nina. Mulher negra e nordestina, é estudante de psicologia e militante feminista. Nutre um amor incondicional por Beyoncé e, nas horas vagas, sonha em mudar o mundo.

Ana Paula Pellegrino tem vinte e poucos anos e a internet opina demais sobre sua vida. Mora com a família no Rio de Janeiro. Prefere ficar em casa tomando chá sem açúcar a sair para lugares barulhentos. A não ser que o programa envolva comprar roupas. Ou livros. Apesar de destrambelhada, faz balé; segue tumblrs de ioga e pensa demais. Mesmo sendo estranha, é feliz.

Andreza Delgado, dezenove anos, leonina e baiana da terra do cacau, é estudante de letras mas nem tanto, gosta de astrologia porque acha que resume metade dos seus problemas com as pessoas, é militante do movimento negro, apaixonada por colocar ketchup em tudo que é comida, fala pelos cotovelos e acha que vai mudar o mundo.

Bárbara Carneiro mora em São Paulo, curte narrativas cíclicas, tem como preferência mais constante a cor amarela e cria um cacto no jardim.

Bárbara Reis tem dezessete anos, é paulista, atualmente está fazendo cursinho e pretende cursar jornalismo. Acha que a internet é a melhor coisa que já aconteceu, é fascinada por novas linguagens e tem o péssimo hábito de acumular livros para ler e séries para assistir. Seu pior pesadelo envolveria insetos, agulhas, generalizações, matemática e temperaturas acima de 27ºC.

Beatriz Leite cursou fotografia no Senac (São Paulo) e agora estuda em Buenos Aires. Coleciona cartões-postais, odeia acordar cedo.

Beatriz Trevisan tem 21 aninhos e ainda não descobriu do que gosta e o que quer de verdade fazer nesta vida. Enquanto não descobre, tenta fazer um monte de coisas, como escrever, cantar, ser cabeleireira *dazamiga*, mexer em blogs e de vez em quando estudar direito na faculdade. Pode parecer que isso a torna constantemente ocupada, mas na maioria das vezes ela acaba não conseguindo fazer nada e usa esse tempo livre para ouvir música, ler e jogar *Pokémon*.

Brena O'Dwyer é uma jovem carioca de 22 anos que a cada dia tem um pouco menos de certeza sobre as coisas. Muda de opinião o tempo todo e falha miseravelmente na tentativa de dar sentido a si mesma e ao mundo onde vive. Gosta de ir ao cinema sozinha às quintas à noite e de ler vários livros ao mesmo tempo. Em quase todas as segundas de sol pensa que preferiria estar na praia, mas nunca vai aos domingos.

Carolina Stary tem uma predileção por tudo que é meio desgostoso. Tatuou um ¯_(ツ)_/¯ em si mesma. Pensa sobre tecnologia e internet no seu blog, *Computador*.

Clara Browne nasceu no Rio de Janeiro em 1994 mas se mudou para São Paulo aos cinco anos. Isso gerou uma grande crise de identidade e tornou seu sotaque uma mistura de "s" paulista, deslizes cariocas e um "r" recifense, apesar de nunca ter ido para Recife. Estuda letras e sempre gostou mais de poesia do que de prosa. Ama arte moderna, suéteres e o musical *Jesus Cristo Superstar*. Aprendeu a fazer piadas com seu nome e sobrenome por sobrevivência. É 50% Corvinal e 50% Lufa-Lufa.

Dani Feno, 26 anos. Quando era criança foi ao cinema ver *Rei Leão* pela primeira vez e se apaixonou por essa coisa de filmes. Mais tarde, viu um seriado chamado *Clarissa* e, pronto, a paixão passou para as séries também. Foi tão forte que agora trabalha em uma finalizadora de filmes e programas de TV, mas o que gosta mesmo é editar vídeos para a *Capitolina*. Gorda e feminista desde criança, apesar de só saber que é esse o nome há pouco tempo. Acha que a melhor banda do Universo é Arcade Fire e pode ficar horas te convencendo disso. Em Hogwarts, é 70% Corvinal e 30% Grifinória.

Dora Leroy tem vinte anos e confessa que aos sete pegou emprestado o *game boy* do amiguinho e ainda não devolveu. Começou a fazer letras por gostar muito de livros e, atualmente, dá umas cambalhotas tentando escrever mais (e espera que algum dia consiga dar alguns saltos mortais). Quando era mais nova, foi viciada em *Rei Leão* e Neopets, que a inspiraram a fazer do desenho algo mais do que só um passatempo.

Fernanda Prieto, padawan de 21 anos, caiçara pálida que fugiu da praia pra sentir saudades do mar. Foi de contra-baixista para estudante de análise e desenvolvimento de sistemas numa febre julhina. Pratica *roller derby*, cozinha mais do que dorme, come carne até crua, troca a cor do cabelo mais vezes do que usa sutiã, escreve e desenha num blog e topa todos os rolês que aparecem.

Gabriela Sakata, vinte anos, São Paulo. Gosta de ficar no Tumblr, assistir a bobagens na Netflix e a vídeos fofos no YouTube. Além disso, adora achar músicas novas pra escutar, conversar sobre política e ler teorias da conspiração. Na maior parte do tempo, você pode encontrá-la em sua cama, ou no Instituto de Artes da Unesp, onde estuda artes visuais.

Gabriella Beira nasceu em São Paulo em 1994. Reside em Guarulhos, mas estuda relações internacionais na longe-de-casa Universidade de São Paulo. Seus hobbies são estudar línguas, ler, assistir a filmes e séries, sair, dançar e tagarelar. Como qualquer internacionalista (é assim que se chama quem estuda RI), quer conhecer o mundo todo e, se possível, mudar o mundo. Sua maior frustração é não ter feito balé (ainda!) e sua segunda maior frustração é ser alérgica a gatinhos, razão pela qual nunca pôde ter um. Mas nada a impede de ter, atualmente, dois cachorros. É impaciente, procrastinadora, irmã mais velha, aluna mediana.

Georgia Santana, 25 anos, é do Rio de Janeiro, mas passou a primeira infância em Natal. Estuda biblioteconomia na UFRJ. Assiste a qualquer tipo de competição esportiva e lê muitas (auto)biografias. Uma vez já chorou de emoção ao tomar caldinho de sururu. Odeia barulhos, luz artificial e frio. É 90% Lufa--Lufa e 10% Sonserina.

Helena Zelic tem dezenove anos e mora em São Paulo, onde estuda letras. Gosta bastante de linguística, filmes, desenho, bolotas de queijo bem crocantes e mais um monte de coisas. Não para quieta nem um segundo. Passa boa parte do tempo militando pelo feminismo, e é nessas horas que aprende muito sobre o mundo e sobre a vida.

Isabela Sampaio (ou Isa, ou Bela) tem 26 anos e aos dezoito desceu a serra para viver no Rio. É formada em produção editorial e ama trabalhar no mundo dos livros, mas tem uma grande queda pela TV e passa boa parte de seu tempo livre assistindo a milhares de séries — seus objetivos de vida são participar de *Survivor* (e vencer, claro) e se tornar BFF da Amy Poehler, Tina Fey, Mindy Kaling e Julia Louis-Dreyfus.

Isis Ribeiro, normalmente chamada de Amora, tem dezessete anos e uma gigante queda (praticamente um abismo) pela arte circense, a arte de rua, o cuidado de plantinhas, a dança e a América Latina.

Jade Cavalhieri, boneca trouxa inveterada que perde muito tempo reclamando e clamando direito à preguiça. É escorpiana com ascendente em áries e ama mostarda de uma forma não muito saudável. Se identifica com nuvens cirros-cúmulos e alguma parte dentro dela ainda quer ser astronauta.

Jordana Andrade tem 22 anos, mora em Belo Horizonte e se ocupa com suas duzentas obrigações e os oitocentos projetos que desenvolve por vontade própria mas não dão dinheiro nenhum. Para sentir dor, ela se tatua: a única marca que fica foi ela quem escolheu.

Julia Oliveira atende por Juia, tem 22 anos e se mete em muitas coisas, mas não faz nada direito — o que tudo bem, porque ela só faz por prazer mesmo. Foi uma criança muito bem-sucedida e espera o mesmo para sua vida adulta: lançou o hit "Quem sabe" e o conto "A ursa bailarina", grande sucesso entre familiares. Seu lema é "quanto pior, melhor", frase que até consideraria tatuar se não tivesse dermatite atópica. Brincadeira, ela nunca faria essa tatuagem.

Laura Pires usa seu vício em séries e Facebook como inspiração para os textos, para a vida e para puxar assunto com os outros. Adora ouvir histórias e conversar sobre gênero, sexualidade, amor e relações amorosas — gosta tanto desses temas que até deu um jeito de fazer mestrado nisso. É professora de inglês, cantora e pianista amadora de YouTube, fala muito, ri de tudo e escreve porque precisa. Ama: pessoas e queijo. Detesta: que gritem.

Laura Viana, aos 21 anos, todos vividos na cidade de São Paulo, está, de forma totalmente acidental, chegando ao fim da faculdade de artes visuais. Sua vida costuma seguir como uma série de acontecimentos mal planejados, um pouco porque é assim com todo mundo, e muito por gostar daquela conhecida fala da literatura brasileira, "Ai, que preguiça!". Gosta também de fotos do José Serra levando susto, mapas, doces muito doces e momentos "caramba, nunca tinha pensado nisso!". Escreve sobre #modas por aqui, mas jura por todas as deusas que nunca usará expressões como "trendy", "bapho" e "tem-que-ter".

Lorena Piñeiro tem 25 anos e mora no Rio de Janeiro, embora tenha crescido nos subúrbios da internet. Trabalha com análise de roteiros televisivos e cinematográficos enquanto reúne coragem para investir em suas próprias ideias irrequietas. É acanhada quando conversa sobre o tempo, mas assertiva quando defende suas paixões. Gosta de boas narrativas em todas as mídias e formatos, cartões-postais de lugares distantes, planetários e filhotes. Não gosta da supervalorização do cinismo e da apatia. É 70% Corvinal e 30% Lufa-Lufa.

Luciana Rodrigues tem vinte anos e é de Macapá, no Amapá, no extremo norte do Brasil. Cursa letras na universidade federal do seu estado e é apaixonada por artes em geral, sendo a dança, o desenho e a pintura suas favoritas. Sonha em mudar o mundo com a ajuda dos seus gatos e tem certeza de que nasceu, além de índia, sereia de água doce.

Luiza S. Vilela tem 28 anos e mora no Rio, mas antes disso nasceu em São Paulo, foi criada em Vitória e viveu uma história de amor com Leeds, na Inglaterra, e outra com Providence, nos Estados Unidos. Fez graduação em letras na PUC-Rio e mestrado em literatura e contemporaneidade na mesma instituição. É escritora, tradutora, produtora editorial e acredita no poder da literatura acima de todas as coisas.

Maria Clara Araújo, futura pedagoga e feminista que transversaliza as questões de gênero e raça. Seu nome se tornou uma alusão à transparência em relação aos seus sentimentos. Pisciana, sente como se fosse um mar misterioso e difícil de se velejar.

Natália Lobo tem dezenove anos, casa em dois lugares (ou em lugar nenhum, depende do ponto de vista). Quer sempre abraçar o mundo com as mãos, está — sempre — ainda aprendendo a falar em público e gosta de escrever para se fazer entender.

Natasha Ferla tem 23 anos e se formou em audiovisual. Trabalha com produção e roteiro e é apaixonada por filmes que retratam o mundo adolescente. Tenta se inspirar em Leslie Knope, mas tende a ser mais Liz Lemon. Curte comédias britânicas de gosto duvidoso, *Arquivo X* e cachorros.

Nathalia Valladares tem Sol em gêmeos, ascendente em leão, Marte em áries e a cabeça nas estrelas. Aos 24 anos, é uma estudante de design que ainda nem sabe se tá no rumo certo da vida (afinal, quem sabe?). É um grande paradoxo entre o cult e o blockbuster. Devoradora de livros, apreciadora de arte, amante da moda, adepta do ecletismo, rainha da indecisão, escritora de inúmeros romances inacabados, odiadora da ponte Rio-Niterói, de seu trânsito e do fato de ser um acidente geográfico que nasceu do outro lado da poça. Para iniciar uma boa relação, comece falando de Londres, super-heróis, séries, Disney ou chocolate.

Nicole Ranieri nasceu e cresceu em São Paulo, mas mora sob a chuva gelada de Dublin. Acredita que o mundo seria um lugar melhor se as pessoas parassem para ouvir umas às outras. Adora cozinhar comidas estranhas de países distantes — principalmente se tiverem um nome complicado — e come massa de bolo crua como se fosse Nutella. Assiste mais séries do que gostaria de admitir, gosta mais de gatos do que seria aceitável e dorme mais do que o restante da humanidade (junto). É 70% Corvinal e 30% Lufa-Lufa.

Priscylla Piucco é coordenadora de Relacionamentos & Sexo da *Capitolina*. Catarinense, bacharela em direito, voluntária no movimento LEO Clube, usa cadeira de rodas e sonha em derrubar o patriarcado ao lado das miga. Ama seriados, livros, qualquer coisa feita de maracujá e quadrinhos.

Rebecca Raia tem 25 anos, mora em São Paulo (mas nunca fica no mesmo lugar por muito tempo), é formada em relações internacionais e cursa pós-graduação em museologia. Seu emprego dos sonhos seria viajar o mundo visitando todos os museus possíveis, mas ela não dispensa noites preguiçosas em casa assistindo a séries e filmes enquanto come panquecas. Também gosta de roupas floridas e dar conselhos amorosos a desconhecidos.

Sofia Soter nasceu em 1991, mora no Rio de Janeiro e se formou em relações internacionais. É escritora, revisora e tradutora, construindo passo a passo seu próprio império editorial megalomaníaco. Está convencida de que é uma princesa, se inspira mais do que devia em *Gossip Girl* e tem dificuldade para diferenciar ficção e realidade. Tem igual aversão a segredos, frustração, injustiça e injeções.

Stephanie Ribeiro tem 21 anos, adora o curso de arquitetura e urbanismo, mas sempre questiona o sistema universitário. Militante feminista interseccional, é apaixonada pela natureza e acredita na troca de energia com o ambiente, principalmente quando está na água e pisando na terra. Adora escrever, por isso colabora com vários portais e mantém um caderninho preto de bolinhas, que combina com seu vestido preferido, onde escreve e desenha para se sentir feliz, que nem quando era criança.

Taís Bravo tem 25 anos e passa os dias entre livros. Nas horas vagas dá lições sobre selfies para Kim Kardashian e aprende sobre o que foi e não quer ser com Hannah Horvath. Feminista deboísta, acredita no poder das sonecas, das migas e do mar acima de todas as coisas.

Thais de Bakker estuda relações internacionais no Rio, é apaixonada por temas de gênero e acredita firmemente que a escrita pode mudar o mundo. Ela também detesta falar sobre si mesma, então vai parar por aqui.

Vanessa Raposo tem 25 anos e é carioca, mas esquece desses detalhes o tempo todo. Consome webcomics estranhas, desenhos animados ambíguos e pseudovideogames com a voracidade de um velociraptor intelectoide. Formou-se em produção editorial, cria games amadores (por enquanto) para PC e, além de coordenar a seção Tech & Games da revista *Capitolina*, também é colaboradora da *Ovelha Magazine*. Mais do que tudo, acredita apaixonadamente no poder transformador da ficção na realidade.

Verônica Montezuma, 24 anos, estuda cinema no Rio de Janeiro. Gosta de fazer bolos, biscoitos e doces. Nas horas vagas, se transforma em um unicórnio.

GALERIA DE COLABORADORAS

COLE SUA
FOTO AQUI!

Esta obra foi composta por Tereza Bettinardi em Akkurat e Glosa e impressa pela RR Donnelley em ofsete sobre papel Alta Alvura da Suzano Papel e Celulose para a Editora Schwarcz em agosto de 2015

FSC
www.fsc.org
MISTO
Papel produzido a partir de fontes responsáveis
FSC® C101537

A marca FSC® é a garantia de que a madeira utilizada na fabricação do papel deste livro provém de florestas que foram gerenciadas de maneira ambientalmente correta, socialmente justa e economicamente viável, além de outras fontes de origem controlada.